With a Kindly Heart to Grief

Otsuki Akio

悲しみに親しむ心

対人援助のまなざし

大築明生

木立の文庫

はじめに

これは、人を理解し援助するためのまなざしと方法について書いた本です。

私は、心の理解や回復に関するここ二十年ほどの精神医学や臨床心理学の流れに、それでいいのかという違和感を覚えてきました。たとえば精神症状の診断の多くは、症状の原因を考慮されずに、ＤＳＭ（精神障害の診断・統計マニュアル）の診断基準に当てはめてなされます。

また精神医学の主流になった生物学的精神医学は、「心の病は脳の病気」と考えます。たとえば、うつは、脳内神経伝達物質であるセロトニンやノルアドレナリンの不足により生じるのであり、それはＳＳＲＩなどの薬を飲めばよくなるとされます。ですから、ＤＳＭでうつと診断すれば、あとは薬を処方すればよく、うつになった本人の事情や思いをよく聴いて理解することは必要とされません。しかし、なぜつらくなったかを聴いてもらえないで、人は楽になるものでしょうか。たとえば、過重労働やパワハラでうつになることは、職場や加害者の問題ではなく、本人の問題（脳の不調）になるのでしょうか。そしてその傷ついた心は、薬で癒されるものでしょうか。

また、うつの回復には、「認知の歪みを直す」認知行動療法が推奨されています。しかし、完全主義や悲観的思考が問題だと言われても、そうならざるを得ない事情があり、それを理解せずに「正しい指摘」をされても、人はつらいのではないでしょうか。

援助において大事なのは、それで苦しむ人が楽になることだと思います。悩みを抱えることは、否定されるべき「問題」でしょうか。生きることの不安や苦悩は「解決」できるものでしょうか。私は対人援助では、症状をなくそうとする前に、症状が生じた意味を理解し、苦しみや悲しみに寄り添う温かなまなざしが必要だと思うのです。

一方、三十代半ばからカウンセリングに携わった私の心にいつもあったのは、私自身がどう救われるかということでした。それまでいくつもの挫折を経験してきた私には、「自分の人生はこんなはずではなかった」というやりきれない思いがあったので、そういう自分も楽になり、自分に優しくなれるような援助でなければ意味がないと考えていました。そして私は、「人を治す専門家」ではなく、「悲しみや苦しみを抱えながら安心して生きる」ことを大事にするカウンセラーでありたいと思ってきました。

そんな私がカウンセラーになり三十五年を過ぎたことを機に、私が学び実践してきた人間理解や対人援助の姿勢を、多くの人にお伝えしたいと思い、この本を著しました――タイトルを『悲しみに親しむ心』とします。

＊　＊　＊

私には以前とてもつらいことがありました。そのために精神的にまいって、深い不安も抱えたのですが、少し落ち着くと、それは悲しみの感情であると気づきました。

そんなとき、仏教思想家の金子大栄氏の「悲哀にたえ得ること、特に柔軟の心をもって悲哀に親しむ心は、同様の悲哀にある人の心を慰め、その苦悩を緩和する」[1]というコトバに出会い、私はそれに救われた気がしました。悲しむ自分を優しく受け入れてよい、そしてその体験が同様の悲しみを抱えた人を理解し援助する力になる、と。また悲しみはつらい感情ですが、同時に、安心を切に求める感情でもあります。そして私は、対人援助の核心は、「悲しみに親しむ心」で人に関わり、その悲しみの意味を共に探すなかで、安心の世界が見えてくることだと考えるようになりました。

また、本のサブタイトル『対人援助のまなざし』には、次のような姿勢で人に関わってほしいという思いが込められています。

①援助者と援助される人は役割の違いはあるが、それぞれが自分なりの苦しみや悲しみを抱えて生きており、その意味で平等であり、決して上下関係（問題のない人が問題のある人を直してあげる）ではない。
②人を理解し支えるまなざしは、自分に対しても他者に対しても同じであるべきで、自分が助かると思う援助を他者にするのが、実践的にも倫理的にも大切である。
③そうした援助が「悲しみに親しむ心」でなされれば、温かで実際に役立つ援助になる。

この本が、悩みや悲しみを抱えたとき、自分や他者を理解し、生きる安心を得ていくための参考になれば、うれしく思います。

悲しみに親しむ心——対人援助のまなざし　目次

はじめに　i

序　章　生きることに悩んだとき……1
困難のなかで見えてくるもの　2
求められる援助の姿勢　15

第一章　人の成長と回復を支えるもの……25
「自分」の多層性　26
悩む自分　28
もうひとりの自分　33

第二章　人を支える対話――聴いて理解する……37
安心の関係は出会いから　38
相談を受けるときの二つの姿勢　40
苦しみや悲しみを抱える人が求めるもの　45

聴いてもらっている手応え　48
安全な関係とは　58
否定的な感情への対応　60
心の相談の流れ　63
聴く力をつけるために　74

第三章　症状やストレスへのまなざし……83

症状への理解　84
症状の回復へのまなざし　91
身体症状の理解と回復　94
問題行動の理解と回復　100
精神症状の理解と回復――特に働く人のうつを巡って　114

第四章　トラウマからの回復……131

トラウマ（心の傷）とは　133

ＰＴＳＤの主要症状と種類　137
トラウマからの回復　145
聴き手の重要性　161
語る先に見えるもの　175

終　章　生きる安心を得るために——そのままのあなたで大丈夫……………179

おわりに　201
文献　207
あとがき　211

序章

生きることに悩んだとき

困難のなかで見えてくるもの

私たちは生きていくなかで、いろんな困難や苦しみ、悲しみに出会います。どうもそれらは向こうから「やってくる」ようです。

そして、同じ困難でも、何とか乗り越えられるものならよいのですが、時には、それまでの人生で身についた知識や経験、価値観では乗り越えられないような、苦しい状況に直面します。そのとき人は、めざす方向や解決手段を見失い、戸惑い、自信も打ち砕かれます。いわゆる「人生の危機」というものです。カウンセリングでお会いするのも、そうした困難に直面した人たちです。

苦しみや悩みを抱えた人は、いったい何を求めるのでしょうか。一言でいえば、それは「安心」だと思います。安心して生活したい、働きたい、人とつきあいたいなど、不安や苦悩から解放されて、安心して生きられるようになりたいのです。では、その安心とは、どうすれば得られるのでしょうか。

何とかしてほしい

問題を解決して安心したい

「問題を解決して安心したい」という発想は、ごく自然です。病気になっても治る、失業しても再就職できる、仕事の仕方がわからなくても誰かに教えてもらえると、安心できます。このように苦しいときは、「何とかしてほしい」と私たちは思い、問題解決を求めるのですが、実際はどうなのでしょうか。

たとえば、病気といっても治る病気は限られており、末期がんや難病、加齢による身体の不調など、治ることが困難な病気は少なくありません。また、心身の障害を抱えながらも社会で活躍する人は多くいますが、その障害そのものがなくなることを期すのはむずかしいでしょう。契約社員やアルバイトなどの非正規労働者の不安定で低賃金の雇用は、個人の努力で解決できる問題ではなく、社会構造を作った政治の問題です。つまり、「問題を解決することで安心したい」ということは、まことに自然で切実な思いですが、実際には解決できない、無くせない、それを背負うしかないことがたくさんあることも事実です。

誰にとっての解決か

次に解決といっても、「誰のための解決なのか」も重要です。たとえば不登校の問題を考えると、学校に行けない不登校の小中学生は、二〇二一年度は全国で約二四万五千人であり、中学生では、約二〇人に一人の生徒が学校に行けないという深刻な状況です[1]。

さて、わが子が不登校になったとしたら、親にとっての解決とは何でしょうか。おそらく子どもが学校に戻ること、高校生なら卒業することでしょう。それは、親からすれば当然の発想です。たとえば、厳しい学歴社会では、中卒の人は専門学校への進学や就職に多くの困難があります。それを知る親たちは、心を鬼にしても、学校に戻るように説得しようとします。周りの人が「登校刺激はよくない」「学歴だけが人生でない」と正論的なアドバイスしても、ほとんど役に立ちません。親たちは「当事者じゃないからそんな気楽なことが言えるのだ」と反発するでしょうし、その思いを誰が批判できましょうか。

一方、不登校の本人にとって解決とは何でしょう。不登校は、サボりとは違います。サボる高校生は、卒業に必要な授業の単位数を計算していることが多く、卒業できる程度にサボるのは、自分のバランスを保つ方法であり、生きる力を感じます。しかし不登校の生徒は、それすらできずに苦しんでいるのです。吐き気や腹痛、頭痛などの身体症状を訴えることが多いのもその証拠でしょう。

最近は家庭の貧困で学校に行けない子が増えていると聞いていますが、不登校の生徒の多くは、学校生活が苦しく、そのままでは自分が壊れてしまうと感じています。また、学校を卒業した方がよいことは、本人たちは十分承知していますが、その苦しさをうまく表現できないことが多いのです。私は、彼らは学校に行かないことで自分を守っていると感じることがあります。だから、学校に戻ることは、親には解決でしょうが、子どもには苦しみのなかに戻ることかもしれません。

このように不登校を考えても、親と本人とで解決の中身が違ってきます。誰のためかを考えずに解決をめざすことは、新たな困難を生み出すことになるでしょう。片方の喜びや安心の対極には、他方の悲しみと苦しみがあることを、戦前の童謡詩人金子みすゞは、「大漁」という詩で表現しようとしました[2]。

大漁

朝焼小焼だ
大漁だ
大羽鰮の
大漁だ。
濱は祭りの
やうだけど
海のなかでは
何萬の
鰮のとむらひ
するだらう。

金子みすゞは、鰮《いわし》の大漁で喜ぶ人間（強者）の対極に、仲間を失った鰮たち（弱者）の悲しみを見逃さず、そこに温かなまなざしを注ごうとしたのです。

「どうにもならないとき」に見えてくるもの

「解決」が否定されるとどうなるか

たとえば、親が不登校の子どものことでカウンセリングに来るとします。そのとき多くの親は、子どもが学校に戻るという解決（＝安心）を求めて来談するでしょう。ではカウンセリングを受けると子どもは学校に戻るかというと、容易ではありません。子どもは学校に行かないことで自分を守っているのですから、学校に戻ることを拒否します。つまり多くの場合は、親の求める解決はむずかしい、あるいは否定されるということです。

では、当初求めていた解決がかなわなければ、親は、「子どもが学校に戻らないなら、カウンセリングに来た意味がなかった」、「何ヵ月も面接料を払ったのに、えらい無駄とした」と思うでしょうか。なかにはそう感じる親もいるかもしれませんが、実際は、何度もカウンセリングに通うなかで、親自身が変化していくのです。

確かにはじめは、「わが子が学校に戻る・戻らない」がすべてだったかもしれません。しかし真剣に話を聴くカウンセラーに支えられ、解決の見通しが立たない不安を抱えながらも、親は少しずつ自分を見つめていきます。学校に戻るか否かとは別に、「子どもはどんな思いで学校に行っていたのだろう。どんな苦しみがあったのだろう。それを気づいてやれなかったのではないか。この子が安心して生きていける人生とは何だろう」などと、子どもへのまなざしが変化していきます。社会や学校に「どう適応させるか」という次元よりも、多くの子どもたちが学校に行けない社会や教育とは何なのか、その子が安心できる生き方とは何なのか、という次元で考え始めます。

親自身へのまなざしも変化していきます。日本社会では、子どもに問題が生じると親が批判の対象になりがちなので、親は周囲からの非難のまなざしを感じ、戸惑い孤立し、自分を責め子どもを憎み、早期の解決を焦ります。親が孤立し心身が疲労困憊していきます。しかしカウンセリングに通うなかで、親は自分を、少し距離をとって見つめるようになります。「一生懸命に育ててきたつもりだったが、よく考えると、周囲の期待に応えようとして、自分や子どもの思いは二の次になっていた」、「もっと子どもや自分に楽に接していく生き方が見つからないものだろうか」などと感じ始めるのです。

新しい世界が見えてくる

問題が解決すればよいですが、人生には努力しても何ともならないことが生じます。そして苦しみ、この世を恨み、絶望感に打ちひしがれます。この「追い込まれる」という状況が深刻な場合は、生きる希望を失い死ぬことまで考えます。しかし追い込まれることにもメリットがあり、それは自分を覆っていた「格好つけ」が役に立たなくなることです。

たとえば、職場でうつになり休職になれば、自分がまいっていることが明らかになり、「大丈夫なふり」はできなくなります。職場研修で管理職から、「部下がまいっている兆候を、早くわかる方法はないだろうか」という質問を受けることがありますが、実際にはむずかしいと思います。なぜなら成果主義のなかで、労働者は、自分の評価を下げる事態を隠そうとし、心身の限界を超えてがんばり、精根尽き果ててうつになってしまうのです。

ごまかせなくなったら、自力の限界を認めて、「まいった」と言うしかありません。人前では言えなくても、少なくとも心のなかで「もう限界だ」という事実を認めることです。悔しく情けないと思うかもしれませんが、それまでの価値観や人生観が打ち砕かれるなかで、「残された人生をどう生きるか」ということを必死で考えざるをえなくなります。ただし、どうするかの選択肢のなかには、死ぬ（自殺）ことが入る可能性もあるので、追い込まれることを甘く見てはいけませんが。

私たちが真剣に自分を見つめるのは、苦しいときです。「どう生きたらよいか」などという容易に答えが見つからない問いは、苦しくなければ考えません。本当に苦しく危機だからこそ、私たちは謙虚になり真剣になり、本当の安心を求めようとするのです。私は、自分の限界を認め、「何ともならない」という事実を認めるのは、とても勇気あることだと思います。それは、自分のいのちを守り家族の生活を守るための第一歩です。それなしに、生きていくための一歩は踏み出せないでしょう。私は、「限界を認めたうえで〝生きる内実〟を模索」しようとする人に対し、深い敬意を覚えます。

私の体験からすると、当初求めていた解決が否定されても、それで終わりになるわけではありません。解決の見通しも立たないお手上げ状態になっても、その状況と誠実に取り組めば、新しい世界が見えてきます。苦しい状況だからこそ、求める安心の中身が変化します。順調に過ごしていたときには思ってもみない次元で、世界が広がり深まっていきます。本人が心からうなずける生きる内実を見つけるプロセスともいえるでしょう。

私の体験

私自身の体験を述べてみます。私は三十代半ばで会社員を辞め、その後、大須賀発蔵さんからお誘いをいただきカウンセリングの世界に入りました。茨城県商工経済会人間関係研究所というところでカウンセラーの修行をしていたとき、不登校の親の会のお手伝いをしていました。これは不登校の子の親が集まり、自分の体験や思いを話し合い、お互いに支え合うグループです。もちろん私は不登校の勉強はしていたので、不登校の子や親の立場に立っていたつもりでした。

そんななかで、私の娘が不登校になってしまったのです。私はあわてて、困りました。それは、わが子を心配したためですが、同時に、相談機関に勤めているのに子どもが不登校になれば、私は周りから批判されるのではないかと不安にもなりました。いま振り返ると、情けない親でした。自分のことになると、学んだ理論や知識などは吹っ飛んでしまいました。登校刺激をしてはいけないことを知りながら、わが子にはしている自分がいました。また、理論をわかったつもりで妻に話している自分もいました。何ともお粗末な限りでした。

なぜ私は、こんなに動揺したのでしょうか。不登校の子や親を理解しているつもりなのに、心の奥底では、彼らを問題のある人として上から見下ろしていたのではないか。彼らの味方になろうとしながらも、自分は不登校の親にはならないというおごりがあったのではないか。だから、自分が不登校の親になったとき、今度は自分が見下ろされる、批判の対象になる不安を覚えたのだと思いました。そんな親がどんなにがんばっても、子どもが学校に戻るわけはありませんでした。

困った私は、上司の大須賀発蔵さんに打ち明けてみました。何と言われるか、とても不安でした。しかし大須賀さんは私を批判したりせず、逆に私の話をしっかり聴いてくれて、『君の子どもは苦しいはずだから、しっかり支えてあげなさい』と励ましてくれました。そして、『君は子どもに感謝しなさい。君はこれからカウンセラーになるのだろう。カウンセラー自身が苦しみの体験をせずに、どうして人の苦しみの話を聴くことができるのだ。苦しいだろうが、君は子どもから貴重な体験をさせてもらっているのだよ』と言ってもらえたときは、「受容される」ということが、こんなにありがたいことかと思いました。

それでも娘の不登校は続き、ついには下の息子までも不登校になってしまいました。これには私もまいりました。しかし、いま思うと、これも貴重な体験でした。兄弟がいて一人の子が不登校になると、その子に親の関心が集中してしまいます。すると残された子は、ただ学校に行っているということだけで、問題なしとされてしまいがちです。当時、息子が私に話してくれた夢を忘れることはできません。

息子が見た夢——「私〔父親〕と娘〔姉〕と息子〔自分〕の三人で薄暗い神社の境内にいる。社の扉が突然開いて中から怪物が飛び出してきた。私と娘は手に手を取って逃げ出したが、息子は取り残された」。

この夢の言わんとしていることは、明らかでしょう。つまり、息子も家庭の非常事態だということを感じているが、息子は学校に行っているというだけで親の関心の対象からはずされ、取り残されるという不安のなかにいたのだろうと気づかされました。

そのように、子どもの気持ちはわかりつつありましたが、どうしてよいかわかりませんでした。カウンセリングの知識も役に立ちませんでした。どうにもならなくなった私は、あるとき、格好つけはやめて妻にこう告白しました——『二人とも不登校になってしまって、正直どうしていいかわからない。でも何とか家族四人で生きていこう』と。私の思いを妻はしっかり受け止めてくれました。すると私はとても楽になったのです。

私は事態に対して万歳、つまりお手上げをしたのですが、それで破滅かと思ったら、逆に世間体や他人の評価はどうでもよくなり、本当に大事なことが見えてきました。それは、私たち家族四人が生きていければよいということでした。すると自分のことを過剰に責めなくなっただけでなく、子どもに対しても少しやさしくなれた気がしました。生きることへのまなざしが、私のなかで少しずつ変化していきました。

追い込まれることの意味

こうした体験は、人が行き詰まりどうにもならなくなっても終わりではない、逆に思いもしなかった新しい世界が立ち現れてくることを教えてくれました。

追い込まれるということは深刻な危機ですが、だからこそ、ごまかさずに真剣に自分と向き合うことができるのだと思います。長時間労働などの過酷な職場状況で働いてきた人がカウンセリングの場を訪れて『自分なりに必死でがんばってきたけど、もう限界です』と言うとき、私は、『「まいった」ことを認めるのは、恥ずかしいことではなく、とても勇気ある行為です。これからどうやったら安心して生きていけるか、ゆっくり考えていきましょう』と呼びかけます。その人にとって、生き方の大事な転換点だと思うからです。

求められる援助の姿勢

カウンセリングは問題を解決する？

　これらの体験をとおして私は、カウンセラーとしての基本姿勢を問い直していきました。カウンセリングの目的について、「心の悩みや問題の解決のために」と書いてある本が少なくありませんし、さまざまな困難を抱える人を、性格や考え方に問題があると見る精神医学書もあります。私がカウンセリングの世界に入った当初は、それらに疑問を覚えませんでしたが、カウンセラーとして実践を積み、自分自身でも苦しみの体験を重ねていくと、それまでの援助のイメージが大きく変わっていきました。

　わかってきたことは、誰もそれぞれの人生で、無くせない苦悩や悲しみを背負って生きているという事実です。そしてそれが決してだめなことではなく、それを自覚することでいのちの内実が深まることです。私は、無くせない悩みを抱えながらも自己信頼を失わず、安心して生きていけることが大事だと思うようになりました。むずかしいことですが、「安心して生きる」という次元で、お互いを支え合う関係をつくっていきたいと思いました。そしてそれを理解せずに、問題解決や社会適応を求め、問題のある性格や認知を直してやろうというまなざしが、いかに本人を傷つけていくかがわかってきました。

自分がそれで救われるか

援助される立場に立つ

心理的援助には、フロイト、ユング、ロジャーズ、認知行動療法、森田療法などさまざまな立場があり、それぞれが根拠となる人間観を有しています。どの理論をとるかは別にして、私は、金子大栄氏の「大事な問題は、いつでも、それで自分が助かるか助からんかということである」[3]というまなざしが、対人援助の基本となるべきだと思います。「これこれの技法によって問題解決に導いた」という記述を見かけますが、その技法が自分に役に立つかを吟味していないとしたら、論者に冷たさや傲慢さを感じます。

カウンセリングなどの対人援助の勉強をすると、援助者のまなざしだけで物事を見るようになる危険があります。また援助者には、相手の問題点がよく見えるので、わかったような気になり、問題を指摘し直してやろうとさえ思いがちです。いつの間にか、「問題のない自分が問題のある人を直してやる」と、人を上から見下ろすようになり、見下ろされる方はたまったものではありません。私たちには、たとえ問題だとわかっていても、そうせざるを得ないことがあります。働き方にしても、親子関係にしても、学校生活にしても然りです。そして、「そうせざるを得ない」というところに、苦しみや悲しみの根があるはずです。しかし、援助者がそれを理解せずに関われば、自分のアドバイスに従わない相手にいら立ち、「困った人だ」と否定的に評価しがちになります。

こういうことは、どうにもならない苦しみを体験した人でないとわからないかもしれません。逆に、苦しみの体験があるからこそ、本当の安心の世界がわかるのだと思うのです。だから順調な人生を送ってきた人は、うらやましくもある反面、大事なことが見えないのではないかとも思います。ベテランの精神科医が『職場の管理職になる人には、一回うつになってもらいたいね。管理職は、困難を乗り越えられた人が多いので、心身が疲弊して動けなくなる人の気持ちがわからない。だから苦しんでいる部下を、叱咤激励し正論的なアドバイスで追い詰めてしまう』と話していましたが、私もそのとおりだと思います。職場で苦しむ部下を温かく支える管理職には、『じつは自分も以前苦しい体験をしたので、部下の気持ちがわかる気がするのです』と話す人が少なくありません。

苦しみの体験こそが援助の原点

このように考えると、私たちが人生で出会う深い苦しみや悲しみは、決してだめなことではなく、そのような体験をしたからこそ、相手の立場に立った援助ができると思います。過労でうつになり休職したある教師は、職場復帰を前に、『以前は不登校の子を、忍耐のない子、わがままな子と批判的に見ていましたが、教師の私が学校に行けなくなって初めて、不登校の子の気持ちがわかった気がしたのです。あの子たちは、私と同じように苦しかったのだ、と。だから学校に復帰したら、つらい状況にいる子どもたちの味方になる教師になろうと思います』と語っていました。これらを考えると、苦しみの体験が、いのちの内実を深め、人を援助するための大きな力になったことがわかります。

金子大栄氏は「救われるということは、煩悩具足罪悪深重のわれわれの人生経験がみな意味を与えられるということであります」[4]と述べています。苦しいことばかりの人生、やりきれない人生だったかもしれない。しかしそうした人生に何か大切な意味があったと感じられたら、苦しみのなかでも、私たちは生きる深い安心を得られるのでしょう。

自分が救われる体験をすることで、真に求められる援助とは何かを知ることができます。不登校の親は自分の苦しみや不安を聴いて受け止めてもらうと、安心して落ち着きを取り戻し、自分や子どもの生きるイメージが変化していきます。それは親が救われる（安心する）体験であり、それが、わが子への理解や対応を温かいものにさせ、その結果、子どもも安心し、これからの生き方をゆっくり考えられるようになります。

「援助される人の立場になって援助を考える。その際、援助者の自分も、援助を必要としている一人であると自覚することが大切である。そして自分がそれで救われるのかという観点で、さまざまな人間観や援助方法を学び吟味していかねばならない」――それが、私がカウンセリングの実践を積み重ねながら、確信してきたことです。

生きる悲しさへの共感

悲しみに親しむ心

カウンセラーとしてクライエント（来談者）の話を聴き、心を動かされながらも、ふと、心の奥で〝切なさ〟を伴ったある種の安堵感・親しみのようなものを感じることがあります。それは「悲しみ」の感覚に近いものであり、それは人間が生きるということじたいが根底で有している悲しみのような気がします。それを私が感じたとき、私の人生体験とどこか重なりながら、その人への共感と親しみが育ってきます。

生きることじたいの悲しさというものを感じると、なぜ私は安堵感を覚えるのでしょうか。私は以前、その悲しさを感じたり認めたりすることを避けていたように思います。生きてきたなかで幾度もの挫折があったし、子どもの不登校など親としての苦しみも味わいました。また夫婦での両親の介護も大変でした。こんなはずではなかったというやり切れなさや後悔、不安はたくさんありましたが、どうにもならないことでした。

生きることじたいが悲しさを伴うものだと認めることは、自分の人生を否定するようで怖かったのだと思います。問題が解決さえすれば悩みは解消されると思い込み、自分を責めていました。しかし私たちの抱える悩みで「解決できる」ものなどごく限られており、逆になくせない苦しみや悲しみを抱えて生きているのが現実なのだと思い知ったとき、私はかなり楽になったのです。

安心して嘆けること

新美南吉の「でんでんむしのかなしみ」[5]に出てくる「かなしみは　だれでも　もっているのだ。　わたしばかりでは　ないのだ。　わたしは　わたしの　かなしみを　こらえて　いかなきゃ　ならない」という独白は、とても温かいものとして伝わってきました。ただその童話では「そして　この　でんでんむしは　もう、なげくのを　やめたので　あります」としめくくっていますが、苦しみは現に存在しているので、実際にはそうはいかないと思います。私が願うのは、「安心して嘆くことができること」「安心して自分を語れること」です。否定的な思いを否定されずにそのまま温かく他者に受け取ってもらえたとき、私たちは安心を感じ、次第に生きることへの肯定感を取り戻します。わかってくれる人がいるという感覚が、「自分といういのちも存在してよいのだ」という自己信頼をもたらしてくれると思います。

悲しみと笑い

「生きる悲しさ」の感覚は、個々の事例を一般化するものではありません。逆にその人のいのちの独自性を理解すれば、次第に、生きることが根源的に悲しさを有しているという意味でのいのちの平等性を感じられてきて、心の深みで親しみの感情が生まれるのです。それは感動とかわかったとかいう高揚したものではなく、切なさを伴った静かな感覚です。

そしてカウンセリングでそれが感じられてくると、笑いが出てきます。以前からカウンセリングでの笑いには注目していたのですが、生きる悲しさに親しむと、自分にやさしくなり、自分を笑えるようになるのだと思います。前田利鎌が「われわれは古代人の間にしばしば、人生の悲劇をさも軽々と弄ぶ洒脱な一面を見過ごすことはできない。しかし人生の悲劇を逃避したものに、それを弄ぶ勇気はありえない」[6]と言ったように、自分を笑えるのは、苦しみの体験と誠実に取り組んできた人こそができる深いことだと思います。

いのちへの尊重

金子大栄氏の「私には敬聴によって愛語の道が開かれるようであります」[7]というコトバに、

傾聴は「敬聴」でなければならないと改めて思います。相手を尊重して真剣に聴いていけば、その人の世界が理解され、おのずと「愛語」、つまりいたわりやねぎらいのコトバが出てきます。悲しみに親しむ心は、いのちへの尊重の思いにつながると思います。私自身、日常をいろんな思いで生きていますが、静かにお互いのいのちを語り合い味わう人間関係が、それぞれに見合ったかたちで出来ればいいと思います。

私たちが深く悩んだときに求めることは「安心」であり、その中身は人生体験をとおして変化していくことを述べました。次章からは、その「安心」がどのように得られるのかを見ていきましょう。

なお、この本では、わかりやすいようにさまざまな事例を取り上げていますが、守秘義務の理由から、すべて本質を変えない範囲で加工してあります。

第一章

人の成長と回復を支えるもの

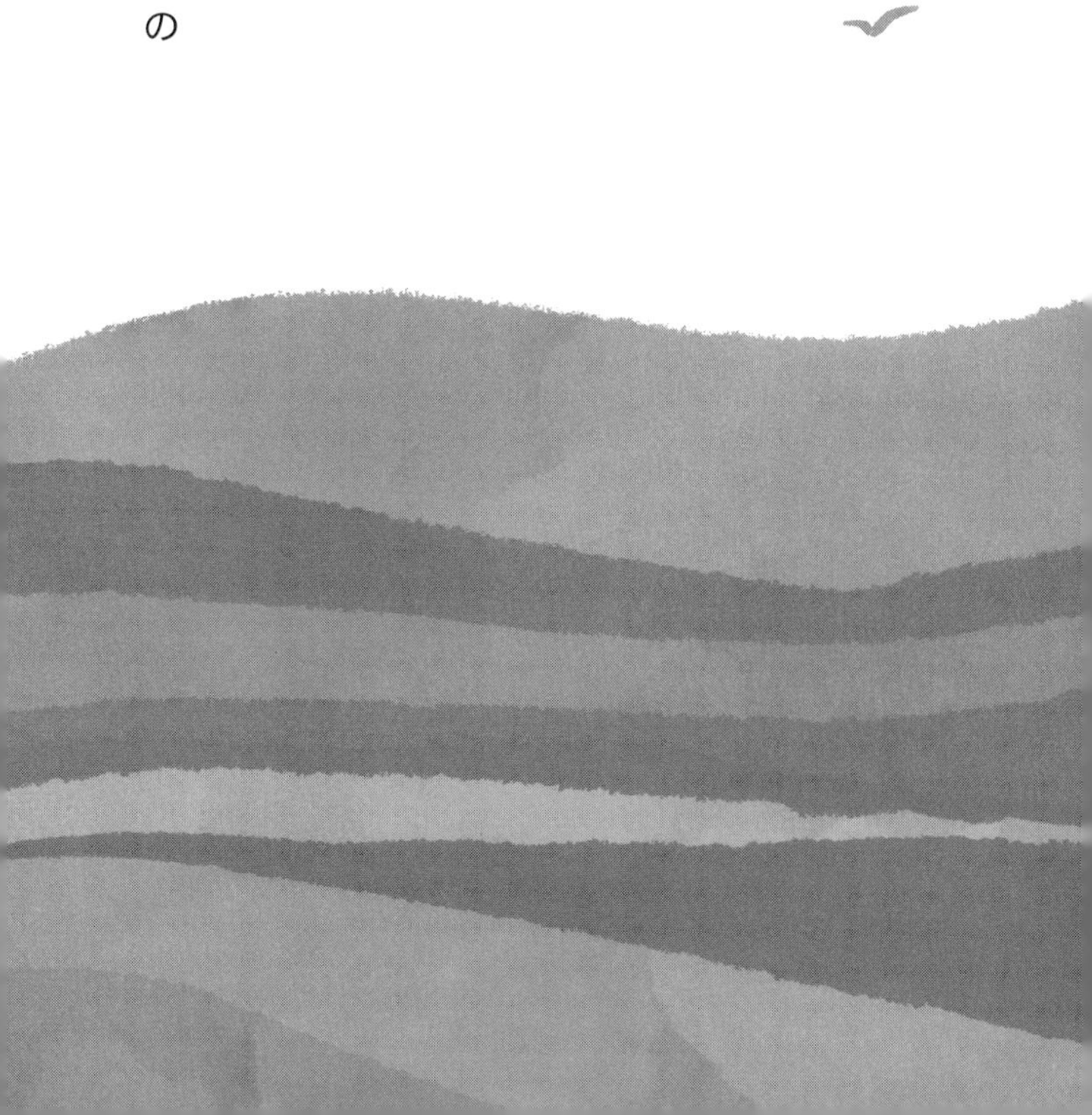

序章で、人は生きることに悩んだとき、「安心」を求めるが、その安心の中身は他者の援助を受けることをとおして変化していくことを述べました。では安心を得られるように私たちを助けてくれるものは何かということを第一章でお話ししたいと思います。

「自分」の多層性

よく「つらいときは話してごらん」と言いますが、自分の心の内を話すという行為は、本人に何をもたらすのでしょうか。ずいぶん前に、都留春夫氏〔当時、国際基督教大学教授〕が講演で「話すとは放すことだ」と述べていました。自分の思いや事情を話すと、少し距離をとって自分を見つめることにつながります。そうすると、生きることで悩んでいる自分は、客体つまり「見つめられる自分」となります。ということは、「自分を見つめる自分」、つまり「もうひとりの自分」ができたということです。私はこの「もうひとりの自分」を育てることが、安心を得るためにはとても大切だと考えています。

私たちは日常生活で、ほとんど意識することなく「自分は……」と言ったり感じたりしていますが、人の心のなかにはいくつもの「自分」がいて、それらが取り巻く環境にも影響されて、感覚、認知、判断、行動を生じさせると深層心理学では考えます。C・G・ユングの「自我」（意識の中心としての自分）と「自己」（意識・無意識を合わせた心全体の中心としての自分）の構造論、S・フロイトの「エス」（本能・欲求で生きようとする自分）と「超自我」（善悪や是非に厳しい自分）と「自我」（外界に適応するために現実的な判断や行動を取ろうとする自分）の構造論などはよく知られています。

むずかしい理論はさておき、心のなかにいろんな自分がいるということは経験的にうなずける人はいると思います。たとえば、過去のつらい体験が心に浮かんできて苦しくなると、「もう過ぎたことは忘れよう」と自分に言い聞かせようとします。しかし忘れるどころか、ますます思い出されてつらくなる。まことに自分の心なのに思うようにならないものです。そのうち「あの体験は自分にとってどんな意味があったのだろうか」と考える自分も出てきます。この例をとっても、「過去のことで苦しむ自分」「忘れようとする自分」「忘れたくても忘れられない自分」「事態の意味を考えようとする自分」と、いくつもの自分がいるわけです。いったいどれが本当の自分なのでしょうか。私はみんな本当の自分だと思いますが、それぞれの自分の中身を吟味して、その人生の時期にふさわしい「生きる安心」を得ていければいいと思っています。そして特に、事態の意味を考えようとする「もうひとりの自分」を育てることが大切だと考えています。

悩む自分

悩む自分の事例

いろんな自分がいると述べましたが、対人援助では、まず「悩む自分」がいます。たとえば、確認強迫という症状で苦しんでいる人を考えてみます。確認を何度もしないと落ち着かない。仕事の書類を書庫にしまったか、職場や家を出るときドアの鍵をちゃんと閉めたか、などがやけに気になります。何度確かめても大丈夫という安心が得られないので、確認作業を繰り返します。「こんなことはおかしい」と本人も頭の半分では感じているのですが、その確認をやめられないのです。それが日常の生活や仕事に差し支えるほどに強くなると、さすがに本人も疲れてきますが、強迫行為をやめようとすると不安が増して落ち着かないので、困ってしまいます。ここでは、強迫性障害の治療論を述べようというのではなく、この事例のようなつらさを抱えたとき、いろんな自分を認め育てることで、自分の回復、成長、成熟がなされることを説明したいのです。

自分1

この事例では、まずさまざまな強迫観念（自分の意思に反して不安を伴う考えが頭に浮かんで離れない）や強迫行為（その不安を打ち消すために同じ行動をくり返す）に縛られて苦しんでいる自分がいます。それを「自分1」と名づけましょう。「自分1」は、今を生きている自分であり、ユング的にいえば「自我」つまり日常（表層）意識としての自分です。それは、生きる不安や苦悩に振り回され逃げられない自分であり、「悩む自分」といえましょう。

社会を見れば、職場の過重労働やパワハラやセクハラ、不安定な雇用や生活苦、子どもの不登校や引きこもり、老親の介護、病気や障害、人生の挫折など、抱える問題はさまざまですが、多くの人々が「悩む自分」として生きていると思います。

〔自分1〕は、これまでの人生経験のなかで作られた価値観や人生観に縛られている自分であり、これまでのやり方で問題に対処しても解決できずに苦しんでいます。「問題解決を求める自分」ですが、時には「他者の援助を拒んでいる自分」でもあります。それは、いまの状況を認めたくないと思っているからです。「職場や上司の期待に応えねばならない、どんな大変な仕事でも逃げずにやらなくてはならない、泣き言や弱音を吐いてはならない」という価値観、責任感を背負っているためかもしれません。

〔自分1〕は、「自分はだめだ」と自分を全面否定し人生に絶望しがちですが、「こんなことで負けてたまるか」と挫折を認めず必死にがんばろうともします。特に「人生こんなはずじゃなかった、でもリセットできない」という思いは、人を根底から揺さぶる恐ろしい感覚であり、人生の現実を受け入れない自分を作ります。そして、悲しくやりきれない否定的な感情を隠し、無理に人生を合理化しようとします。「自分は間違った生き方はしていない」、「自分は挫折などしていない」、「もう過ぎたことは忘れて未来だけを考えて生きていこう」などと自分に言い聞かせようとします。しかしそれは頭だけの理解、不安を消すための理屈であって、自分が心からうなずいているわけではありません。だから自分に言い聞かせようとすればするほど、心の底に不安や怒りが湧いてくるのです。

［自分1］は、社会に適応するための「安心」（安定した社会的地位、収入、世間からの高い評価、健康や美しさなど）を求めている自分でもあります。だから、その安心を脅かされる場面に直面すると、不安と焦燥感（早く解決しなきゃ）を強めるのです。不安定な雇用、体調の不良、苦しい人間関係などに出会うと、なおさらでしょう。一方、努力しても事態が好転しないと、新しい安心を求めようとする自分に気づくこともあります。しかしその新しい安心が何であるかは容易には見つからず、転身にも踏み切れない自分でもあります。特に家族を抱えると、生き方を変えることは困難かもしれません。

［自分1］は、「他者から見られること、比べられること」に振り回される自分でもあります。いつも自分を他者と比較し、社会が勝手に作り出した「あるべき姿」に翻弄されて一喜一憂し、人並みになれない、人より劣っているのではないかと思い不安が募ります。たとえば男社会が勝手に作り上げたスリムな女性像に合わせようと、無理なダイエットに走り、反動で過食に陥る人もいます。子どもが不登校や引きこもりになった親が、世間からだめな親と批判されてい

る気がして苦しむこともあります。若い人の多くは一人になることを極度に恐れます。彼らは、周りから存在承認を得るために自己主張を抑え、他者との軋轢回避に必死になり、結果として疲れ果て、社会から引きこもることもあります。

このような「自分1」は、生活の不安、死ぬ不安、人間関係の苦悩などから逃れられない自分であり、仏教では煩悩具足の凡夫といいます。結局「自分1」は、困難な状況のなかで苦悩し混乱している「悩む自分」であり、問題解決という安心を得ようとして必死に取り組み、どうしたらよいかわからずに「揺れる自分」です。前述した確認強迫の事例では、強迫的な観念や行為をなくそうとすればするほど、症状のことで頭が一杯になり自分を見失いそうになります。その一方で、こんな苦しみから解放され安心して生きられる方法がないものだろうか、とも真剣に考え始めるのです。

対人援助はだいたいにおいて、このような「自分1」として生きている人と関わることです。そして真剣に聴くことで、本人の心のなかに「いろんな自分」がいることを感じ、彼や彼女の心の揺れを理解しつつ、本当の安心を求めたい本人の思いを原動力にして、事態の意味を共に考えていくことが、援助の基本となると思います。

もうひとりの自分

悩みを抱えた人、つまり［自分1］は何とか苦しみから抜け出そうといろんな取り組みをします。たとえば、人に相談したり、医者に行ったり、本や研修会でいろんな考え方に触れたり……。そうするうちに、「いったい自分は何でこんな苦しみを背負っているのだろうか?」と、事態の意味を考えようとする「もうひとりの自分」が育ってきます。

たとえば、「症状は自分に何かを言おうとしている」、つまり身体言語という考え方を学ぶと、何度も確認をする強迫症状の意味を考えるようになります。すると、「自分が失敗を許されない状況にある、あるいは他者からの批判・攻撃に過剰に身構えている」という事態が心に浮かぶかもしれません。無理な仕事のスケジュールを入れてしまい、大丈夫か心配になっている。

失敗してはならないと強く思い、見落としがないか気になり、何度も確認する。上司から思いもかけないパワハラを受けると、また攻撃されるのではないかと身構え、上司の攻撃を許すキがないか、安全を何度も確認する、などです。

このようなまなざしを持つと、症状が自分に言いたいこともわかってきます。つまり「あまり無理なことはするな」、「安心できる人間関係を考えろ」と。そうなると、やるべきことは、いまの無理な生き方や働き方、あるいは困難な人間関係を見直していくことであり、強迫症状をなくすことではないとわかってきます。逆に自分に取り組むべきテーマを教えてくれた強迫症状に感謝しようと思えると、症状は徐々に穏やかになります。症状はもう得体のしれないものではなくなり、症状に振り回されなくなります。

こうしたことは、苦しんでいる「自分1」を見つめ、事態の意味を考えようとする「もうひとりの自分＝自分2」が育ったためです。そして「もうひとりの自分」を育てることが、安心を得るためにとても大切なのです。

ここで整理しますと、私たちのいう「自分」にはいろいろな自分がいて、そのもっとも勢力の強いものを「自分1」と名付けましょう。「自分1」は、実際の日常生活のなかで、喜び、悲しみ、苦しみ、怒りなどの感情を抱えて生きている主体です。場合によっては、それらの感情に振り回されることもあります。一方、「自分2」という「もうひとりの自分」がいて、それは「自分1」を観察対象として見つめ、「自分1」が抱える事態や感情の意味を考えようとします。ですから「自分2」は、「自分を見つめる自分」です。

私は、人がいろんなつらいことに出会っても何とかやっていくためには、この「自分1」と「自分2」がお互いに助け合い、視野を広げてふたつのバランスを取ることが必要だと考えています。そして、その「自分2」つまり「もうひとりの自分」を育てる上では、さまざまなものが手を差し伸べてくれます。人は社会のなかでしか生きられない以上、社会との関わりがサポートシステムとして、「もうひとりの自分」を育ててくれ、「生きる安心」が得られたらどんなに心強いでしょう。

次章からは、「もうひとりの自分」を育てるものとして、「人を支える対話」、「症状やストレスへのまなざし」、「トラウマからの回復」を取り上げ、終章で「生きる安心を得る」とは何かを考えていきたいと思います。

第二章

人を支える対話——聴いて理解する

話を聴いて理解することは、もっとも基本的な援助だと思います。そして援助の姿勢を考えるとき、私は金子大栄氏の「大事なことはいつでも、それで自分が助かるか助からんかということである」[1]というコトバを思い出します。援助される立場に立って、援助的な聴き方とはどのようなものかを考えてみましょう。

安心の関係は出会いから

話を聴くのは、どのように始まるとよいでしょうか。

簡単な相談なら別ですが、心の悩みを相談する人は、不安な気持ちを抱きつつ勇気をもって来談します。つまり相談する人は、弱い人ではなく勇気がある人といえます。その思いを理解して『よく来ましたね』と、ウェルカムしましょう。心を込めた笑顔とあいさつが安心の雰囲気を作ります。また相談に来る人には、上司や親に言われていやいや来る人もいます。しかしそんな人でも、聴き手が温かく迎えれば警戒心が和らぎ、信頼関係を作れます。本当にいやなら誰が言おうと来ないでしょうし、ほんの少しでも「もしかしたら話をきちんと聴いてくれるかもしれない……」という期待があるから来るのです。温かなウェルカムが、信頼関係を作る始まりになります。

しかしたとえば、急ぎの仕事をしているときに『相談に乗ってほしい』と言われたら、どうしたらよいでしょうか。断るのも悪いと思い、話を聴くとかなり深刻な内容で、なかなか終わらない。そうすると聴き手は仕事が気になり、身を入れて聴けなくなり、話し手もそれに気づき、お互いの関係は悪くなります。これでは何のために相談に乗ったのかわからなくなります。しかし相談に来てくれたのに無下に断るのも冷たい感じがします。

そんなときは、『申し訳ないけど今日は忙しくて話を聴けないので、何月何日の何時ならゆっくり話を聴けるから、そのときに来てくれませんか』と言えばよいでしょう。これは「今日は聴けないが、必ず聴きます」と約束しているのです。これはカウンセリングの予約と同じであり、相手も納得してくれるでしょう。このようにウェルカムとは、どんな状況でもすぐに聴くことではなく、しっかり聴ける時間帯と場所を提案することだと思います。

相談を受けるときの二つの姿勢

さてその上で、どんな姿勢で話を聴いたらよいかを考えてみましょう。たとえば、最近職場に行くことがつらくなったAさん、子どもが不登校になったBさんが、相談に来たとします。あなたならどのように対応しますか。大抵の人は「話を聴くことは大切だ」と思う一方で、「相談されたら、話を聴いているだけでいいのか。アドバイスや励ましをしないといけない」と思います。でも実際はどうなのでしょう？

「話を聴くだけではだめ」と考えると

問題を解決してやらなくちゃ

聴いているだけではだめと思う人は、「問題を解決してあげなくては」という姿勢で対応します。出勤がつらいAさんをどうやって元気に出勤させるか、不登校のBさんの子どもをどうやって学校に行かせるか、と考えるのです。そして、どんなアドバイスや情報提供、励ましが問題解決に役立つかを考えます。こうした聴き手のエネルギーは、「何を話すか」に集中します。

このような聴き方は、だめではありません。たとえば、悪徳商法に引っかかり途方にくれる人は、専門家から適切な対処方法を教えてもらうことで救われるでしょう。しかし心の悩みを相談するときは、こうした聴き方では話をしっかり聴いてもらえず、正論を言われている気がして苦しくなることが多いのです。それにこの聴き方では、聴き手が問題対応の主導権を持ち、話し手の主人公性が軽視されかねません。

アドバイスについて

たとえば、仕事に慣れない人にていねいにアドバイスをして教えることは大事な援助です。ただアドバイスする人は大抵「正しいこと」を言います。「親子でよく話し合え」、「自分に自信を持て」、「あまり気にするな」、「過ぎたことは忘れろ」と。しかし私たちは、それはわかっていても、できないから苦しいのです。心の相談では、「正しいアドバイスは罪なことが多い」ことを自覚すべきと思います。それは、正論を言われると反論しづらいですが、心のなかでは「わかってもらえない」と悲しくなるからです。

励ましについて

大人も子どもも、自分なりにがんばって限界が来たので、人に相談すると思います。つまり相談する人の多くは、すでにがんばってきたのです。これを理解しないと、励ますつもりで『大変でしょうが、がんばってください』などと言ってしまいます。そして言われた方は、「必死の思いで打ち明けたのに、これ以上何をがんばれと言うのだろう」と思い、わかってもらえない悲しさと孤独を感じます。

私たちが抱える家族の問題、職場の人間関係、生活の困窮、人生の選択などには、解決がむずかしいことが少なくありません。そんなとき、励まさねばと思うあまり、自信も根拠もないのに『何とかなるよ』などと言い、かえって相手の不信感を生むことがあります。問題解決がむずかしいときは、無理な励ましはせずに、苦しみをそのまま受け止め、『大変でしたね』『苦しいなかをよくがんばってきましたね』と、本人をいたわりねぎらうことが援助となると思います。

体験を語ることについて

『わかりますよ。私も同じような体験をしました』と語り、話し手を励まそうとする聴き手もいます。それを聴いて「苦しいのは自分だけではなかった」と安心する人もいるので、体験談が援助になることはあります。しかし体験談は聴き手にとって大事な話なので、長話になりがちです。すると、主人公が話し手から聴き手に移り、話し手は違和感を抱きます。またどんなよい話でも長話は説教っぽくなります。ですから聴き手が自分の体験を語ることはダメではありませんが、ほどほどの長さにすることが大事です。

ただ、それ以上に注意したいのは、『わかりますよ』と言いますが、自分の体験と相手の体験は似ていても中身は微妙に違うのです。そのことに聴き手が無自覚だと、話し手は「話もよく聴かずに、わかったと言わないでほしい」と思います。ですから「わかるような気がする」と聴き手が思うことはとても大切な感覚ですが、同時に、話し手の独自の体験として真摯に耳を傾けることが必要だと思います。

相手を尊重する聴き方

これはどういうことなのだろう

私が大切にしている聴く姿勢は、問題の解決を考える前に、「これはどういうことだろう」というまなざしで話を聴き、その事情を理解することです。たとえば、出勤がつらくなったAさんについては、「Aさんがつらくなったのは、職場で何があったのだろう」と考え、不登校になったBさんの子どもについては、「その子が学校に行けないのにはどんな事情があるのだろう」とBさんと話し合うことです。

大事なのは、「事態の意味を流れのなかで理解する」ことです。それは、困った事態になるには、それなりの事情や思いがあり、それを本人は理解してほしいのです。話をよく聴いて問題のむずかしさがわかると、聴き手は正論的なアドバイスや励ましは役に立たないと感じ、「どうしたらよいでしょうね」と、話し手と一緒に悩み考えるようになります。そのときの聴き手のエネルギーは、「聴いて理解する」ことに集中しています。

この聴き方は、時間もエネルギーもかかり、問題の解決にも触れていないと思うかもしれませんが、深刻な悩みを持つ人にとっては、もっとも援助的な聴く姿勢だと思います。特に、話をよく聴き苦労をねぎらい一緒に悩んでくれる聴き手は、温かく頼りになる存在と感じられます。逆に、正論を押し付け無理な励ましをするような聴き手は、話し手には冷たい人と感じられるでしょう。

苦しみや悲しみを抱える人が求めるもの

『苦しみや悲しみを抱えたとき、他人にどんなことを求めたいですか?』と聞くと、多くの人は、「話を聴いてほしい」「自分を理解してほしい」、つまり「わかってくれる人の存在」がほしいと答えます。では何をわかってほしいのでしょうか。

どんな状況をどんな思いで生きてきたのか

聴き手が理解すべきことは、その人を取り巻く事情と本人の思いです。この理解なしに「症状や問題行動」をなくそうとしても、よい関係や結果は得られないでしょう。

たとえば、引きこもりの問題にしても、そうならざるをえなかった本人の事情や思いを軽視しては、よい関係は得られません。私は、引きこもりの多くは、それなりの理由があり、また引きこもることで自分を守っていると感じることもあります。ですから、それらを理解せずに、早く引きこもりをやめさせ社会に復帰させようとして関われば、本人たちは、理不尽な強制と感じ、心を開くことはないでしょう。逆に、話をよく聴けば、大変ななかを生きてきたことへの敬意とねぎらいの思いが湧いてきます。そうした思いを聴き手が持つことで、本人との信頼関係が築けると思います。人は流れのなかで生き、変化もします。人を理解するとは、そうした人生の流れのなかで、本人の思いやその事態を理解することだと考えています。

聴いて理解することの意味

話を真剣に聴き相手を理解しようとすることは、相手に尊重の思いを伝える行為です。つまり、話を聴くことで「私はあなたの悩みやあなたという存在をとても大切に感じています」と伝えているのです。そして話を聴いてもらった人は、「大切にされた」という体験をします。

話し手は、ドキドキしながら相談したことでしょう。しかし聴き手は本当に真剣に聴いてくれた。こんなに真剣に聴いてくれるなら、自分の抱える問題は恥ずかしいことではないかもしれない、自分という人間はダメではないかもしれないと感じ、話し手は安心します。ほっとする、安心する、人心地がつく。これは苦しんでいる人がもっとも求めることだと思います。それは誰かに自分をそのまま受け止めてもらい、自分を理解してもらう感覚です。そしてそれがあるからこそ、苦しみのなかでも生きていくほのかな勇気が育つのだと思います。ほのかですが、決してつぶされない勇気です。

傾聴では「よく話を聴き、本人の努力やつらさをいたわり、ねぎらう」ことが基本です。その上で必要と判断すれば、アドバイスや情報提供をすればよいのです。相手の意見に賛成できないときもありますが、まず話をよく聴いて事情を理解しましょう。意見の相違があっても、大切に扱われたと相手が感じることが、その後の信頼関係の基礎になります。

聴いてもらっている手応え

ここまで聴いて理解することの大切さを述べてきましたが、真剣に聴いている聴き手の姿勢が、話し手に伝わらなければ意味がありません。

真剣に聴かない事例

まずは、真剣に聴いてもらえないことで傷つく事例を挙げてみましょう。

片手間仕事で聴く上司

ある若い教師が仕事で悩み、勇気を出して校長に相談したら、校長は、何と書類を書きながら話を聴いたそうです。彼は「私が必死の思いで相談しているのに、校長は片手間仕事くらいにしか受け止めないのか」と感じ、がんばる気力が失せたそうです。この校長は、エネルギーを込めて話を聴くことが、相手に安心を与えることをわからないのでしょう。

患者を見ない精神科医

ある精神科の医師は、患者が自分の状況を話すとき、パソコンの画面ばかり見て、患者の顔を見ないそうです。その患者さんは、『電子カルテだからパソコンを見るのは必要だろうが、ときどきは私の顔を見てうなずいたりねぎらったりしてほしい。でもまったくそれがないので、診察に行くたびに気持ちが落ち込む』と話していました。これでは何のために診察に行っているかわかりませんね。症状を聞いて薬を出せばいいと医師は思っているのかもしれませんが、そういう考え方こそ改めるべきだと思います。

一緒に考えてくれない上司

部下が苦しさを訴えたとき、一応話は聞くが何の対応もしてくれない上司がいます。問題がむずかしければ、一緒にどうしたらよいか考えてくれれば部下は救われるのに、『大変だね』とだけ言って行ってしまう。これでは何のための上司かわかりません。そのひどい事例としては、過酷な長時間労働で疲弊した若手社員の状態を知りながら、上司が本人を休ませたり仕事量を減らすなどの救済をせずに放置し、結果としてその社員を自殺に追い込んだ電通事件（二〇〇〇年最高裁判決）があります。最高裁は、社員の苦しさを知りながら何も対処しなかった電通の無作為を、安全配慮義務違反と認定し、電通は遺族に一億六千八百万円を賠償金として支払いました。何度考えても憤りが生じる事件です。

これらの事例でも明らかなように、聴くことは決してポーズであってはならず、真剣に真摯に聴かねばならないということです。このことが理解できないと、「本当に聴いているだけでいいのですか？」などという発言が出てくるのだと思います。そういう人は、本気になって人の話を聴いた経験がないように思えます。

真剣に聴いていることを伝える

関心を持ち真剣に聴いていることを話し手に伝えることはとても大切です。

話し手の言いたいことを確認する

『あなたは〜のような体験をしたのですね』『あなたはそのとき〜のような気持ちになったのですね』などと、聴き手が受け取ったことを話し手に伝え、ズレがないか確かめることは大切です。それは話の要約ともいい、話し手もその方が安心するはずです。そしてもしズレていたらお互いに修正すればよいのです。

感想を伝える

聴き手は話し手の鏡だと言う人がいますが、私はそうは思いません。聴き手は鏡ではなく、それぞれの人生を歩んできた一人の個人なのです。そしてその個人として話をしっかりと受け止め、『あなたの話を聴いて〜のように感じました』と、感じたことを誠実な思いで伝え返すことが、話し手には手応えとして感じられると思います。

一緒に考える、悩む

話し手の抱える問題には容易に解決できないことが多く、そんなとき、聴き手が無理に（正論的な）「解決」に導こうとせずに、話し手と一緒に考えることで、新しい何かが見えてくることがあります。それは、新しい「解決」のイメージかもしれませんし、新しい生き方かもしれません。『むずかしい問題ですね。一緒に考えてみましょう』と付き合うと、話し手は「自分の大変さをわかってもらえたのかな」とうれしくなると思います。

理解を深めるための質問をする

話には流れがあり、聴き手はそれを尊重して聴くことが大事です。ただ、「そのままでは事情がよく理解できない」ことがあります。そんなとき、話し手を理解するために、『もう少し、そのときの事情を聴かせてもらえますか』などと質問するのは、真剣に聴いている証拠であり、話し手には手応えとして感じられると思います。

コトバの響きを大切にする

真言宗開祖空海の「あらゆるものがコトバであり、それは私たちに響きとして伝わる」(『声字実相義』)という考え、つまり「コトバは響き」ということを学び、私は深く楽な対話ができるようになった気がします。対話では、発言されたコトバだけでなく、深く何かを感じたときの唸りや沈黙、表情を大事なコトバとして受け取ることで、理解が深まります。またコトバの響きは、心のありようの反映であり、たとえば相手を尊重していれば、コトバは尊重の響きを持って相手に伝わりますし、逆もまた然りです。

ですから話を聴くときは、発言の多い少ないにこだわらず、相手のコトバの響きをていねいに味わい、相手の表情、沈黙、唸り、雰囲気をコトバとして大切に扱うと、真剣に聴いていることが相手に伝わり、温かく深い相互信頼が生まれるでしょう。

必要ならアドバイスや情報を温かく控えめに伝える

聴き手が話を聴いた上で、話し手に必要と思ったら、アドバイスや情報を温かくかつ控えめに伝えることはよいと思います。それが聴き手としての精一杯の反応だからです。ただしそれは、聴き手からの押し付けにならないように、話し手の主人公性を十分尊重したものでなければばなりません。聴き手のアドバイスが、問題に対処するための話し手の見方を広げ深めるものならば、それは援助になると思います。

たとえば私は、状況によっては次のようなことを話し手に伝えます。

症状や問題へのまなざし

『うつはダメなことではなく、無理な生き方や働き方から自分の命を守ろうとする、からだの大事なサインだと思えないでしょうか』

『男の大厄は数え四十二ですが、男は四十歳前後になると体調も社会的な立場も変化し、さまざまなトラブルにも出会います。しかしそれは、生き方や考え方をギアチェンジする人生の大事な時期だとも考えられませんか』

問題への具体的な対応

『症状がきついなら、一度、産業医に相談してみましょうか』

『自分の問題とていねいに取り組むと、何か見えてくることもありますから、カウンセリングに通ってみませんか』

『このまま無理して働いたら本当にまいるから、勇気を出して休職して体調を整え、安心して働ける方法を考えてはどうですか』

『職場の人間関係がどうしてもきついなら、人事に相談してみましょうか』

これらはあくまでも、「話をよく聴いた上で必要と感じたら」ということが条件です。話を聴かずにアドバイスしても、受け入れる人はまずいません。そして対人援助に携わる人は、働く人のうつなど社会問題について理解を深めておくことが必要だと思います。

質問をどう受け止め対応するか

相談では、話し手は聴き手にさまざまな質問をします。特に多いのは「～のことで困っているが、どうしたらよいでしょうか」という質問です。私は、話し手の質問は大切に扱い、質問をする人の思いを理解しようと努力し、それを踏まえて対応すべきと思います。

「どうしたらよいでしょうか」という質問の趣旨は、おおまかに三つだと思います。

①具体的な答えやアドバイスがほしい

正しいまたは有益なアドバイスや情報があれば問題が解決するような場合です。たとえば、仕事のやり方や機械の操作がわからないとか、詐欺などの犯罪に巻き込まれたなどという場合は、適切な答えや対処方法を求めることは切実でしょう。だとしたら、聴き手は、自分にできるアドバイスや情報提供をするか、相談に乗れる専門家や機関を紹介することが援助になるはずです。

②「どうしたらよいかわからない」ほど苦しい状況を理解してほしい

一方、話し手は、いつも具体的な答えを求めているとは限らず、『どうしたらよいでしょうか』という質問形式で、どうにもならない苦しい状況や思いを伝えようとすることもあります。それが聴き手に伝わらないと、話し手は苛立ちや落胆を感じます。また、そもそもむずかしい状況で無理に答えを出そうとしても、だいたいは正論的なことしか言えず、話し手は「そんなことができれば苦労はしない」と聴き手に不信感を抱きがちです。

こうした話し手の思いを聴き手が感じれば、質問をされても答え探しをするのではなく、話し手が抱えている困難な状況の意味や流れを一緒に考えることが大切です。当初、話し手は、聴き手が答えを言わないことに不満を感じるかもしれませんが、じつはその方が話し手は落ち着き、自分の課題と向き合えるのです。ただ、聴き手が答えも言わず、う〜んと唸りながら話し手を理解することは、かなりエネルギーが必要なので、それなりの経験も必要です。

③聴き手の人間性を確かめるために質問する

これは、聴き手に答えを求めていることは①と変わらないのですが、ただ「正しい答え」をほしいのではなく、その答えによって、聴き手はどんな価値観や人生観、人間理解をしているのかを確かめようとする場合があります。たとえば、「生きる」ということを聴き手がどう考えているかによって、関係を続けるかどうかを判断することもあります。このときは、聴き手は一人の個人として、自分の考えや思いを誠実に伝えることが求められます。

では、「どうしたらよいでしょうか」という質問が、①〜③のどれに当たるかは、そのときの聴き手の精一杯の思いで感じ取るしかありません。もし、受け取り方が間違っていたと後でわかったら、それについて先輩のカウンセラーなどから意見を求めるなどして、大切な学びの体験とすればよいと思います。

安全な関係とは

人が安心して相談できる関係とは、どんなことなのでしょうか。

「よいことも悪いことも話して大丈夫」という雰囲気

聴き手は、話し手によくなることを望みますが、カウンセリングに通っても話し手が楽にならない、職場や家庭の状況が改善しないことは多くあります。「問題の解決」や「よくなること」にこだわりすぎる聴き手は、話し手の状況がよくなれば大喜びし、悪くなればがっかりします。それを感じると、話し手は正直な思いを言えず、「聴き手の気に入ること」しか言えなくなります。たとえば、本当はつらいのに、「何とかやれています」と言ってしまうのです。これでは安全な関係とはいえません。ですから、本人が苦しいときは苦しいままに、悲しいときは悲しいままに安心して話せる雰囲気を聴き手は作る必要があります。そうなれば、話し手はどんなに安心してカウンセリングに通えるでしょうか。

「安心して悩む」ことを保証する姿勢

聴き手は、それぞれの人生を歩んできた個人なので、自分の価値観や人生観を持っています。そのため、聴き手は話し手の問題に対して、自分が好む解決に導きたくなりますが、それは、話し手の主人公性を損なう危険があります。

たとえば、夫のＤＶ（夫婦間暴力）で苦しんでいる妻に、ある援助者は「早く別れた方がいい」と言い、別な援助者は「子どもがいるから我慢した方がいい」と言うとしたら、本人はＤＶの夫だけでなく、強いアドバイスをする援助者にも振り回されます。それでは、妻は自分の意思を大切に生きる人生の主人公になれません。ですから聴き手は結論を急かさずに、話し手に「大事な問題だから、安心して悩んでよいし揺れてよいのです。そしてどういう判断をあなたがしても、私はあなたを支えます」と伝えることが、とても大切です。本人の主人公性、自己決定力を育てることが、対人援助ではもっとも大切なことであり、援助者が相手を導くのではなく、相手より半歩下がって共に歩くイメージが安全だと思います。

否定的な感情への対応

心の相談に来る人は、心にたまった否定的な感情を話したいのだと思います。否定的な感情とは、苦しみ、悲しみ、怒り、やりきれなさ、自責、孤独、絶望、希死念慮、などの感情です。聴き手のなかには、否定的な感情をそのまま聴いていると、もっとエスカレートするのではと不安になり、無理に肯定的な感情に変えようとする人がいます。たとえば「死にたい」と言う人に、「死ぬなんて考えるな」「生きていればいいことがある」と説得しようとします。こうした対応がダメとはいえませんが、本人が苦しくなることが多いのです。

自殺未遂を繰り返したある若者は親から『死んではダメだ』と言われ続けました。親の気持ちもわかる気はしますが、本人は『「死んじゃだめ」と言われるたびに、わかってもらえないなと思いました』と話しました。つまり、ただ死にたい人はいず、死にたくなるには理由があり、本人はそれをわかってほしいのですが、『死んではだめだ』と強く言われると話せなくなります。ですから、私は『死にたい』と言う人には、ドキドキはしますが、『死んではだめだ』とも、『生きていればいいことがある』とも言わず、そうなった事情を必死に聴こうとします。すると多くの人は、理解しようとする聴き手の姿勢を感じ、表情が柔らかくなり、少しずつ事情を話してくれます。また、「そんな事情なら私でも死にたくなるかも」と思い、それを話し手に伝えることもあります。すると「わかってくれたか」とほっとした表情を見せます。そしてカウンセリングに継続して通い、一年くらい経つと『生きていてよかった』と言ってくれるので、ありがたいと思います。

死にたいと言う人に対して、聴いていればよいと単純化するつもりはありませんが、本当にぎりぎりの状況ではアドバイスや励ましはほぼ無力であり、一生懸命に聴いて理解すること以外に何ができるのかと思います。否定的な感情を否定されずにしっかりと受け止めてもらえたとき、人は安心し、隠れていた生きる気力や肯定的な感情（やさしさ、冷静さ、謙虚な自己肯定感）がよみがえります。

もうひとつ事例を挙げてみましょう。ある母親が子どものことで相談に来ました。事情を聴くと、お子さんが近所で困ったことをして、どんなに母親が叱っても止めないのでほとほと困っているとのことでした。母親は面接で子どものことを、強い調子で非難していました。その母親の気持ちもわかるような気もして、ドキドキしながら聴いていると、母親はひとしきり話すと話を止め、しばらく沈黙が続き、そしてこう話したのです。『あの子は寂しかったのかもしれませんね。共稼ぎなのであの子はいつもうひとりで親の帰りを待っているのです。私は忙しくて、あの子の寂しさに気づいてやれませんでした。だから家に帰ったら、あの子の話をよく聴いてあげようと思います』と、自分に言い聞かせるように話して帰りました。私はこの面接でとても大切なことを学びました。私が必死に母親の否定的な感情を受け止めようとしたから、母親は一息ついて、もともと持っていた子どもへのやさしい気持ちが復活したのだと思います。もし私が『お子さんもきっと良いところがあるはずですよ』などと言ったら、母親を追い詰めてしまったかもしれません。

この事例のように、否定的な感情の表出はとても大切な意味があると思います。愚痴を言うことを否定的にとらえる人がいますが、愚痴を真剣に聴くと、愚痴の向こうに「本当はこのように生きたい」という願いが感じられます。否定的な感情を大切にする姿勢は、「悲しみに親しむ心」の表れでもあります。ですから悲しみを大切にして人に関わることと、「安心して愚痴ることができる場」を作ることの両方が大事だと思います。

心の相談の流れ

それでは、心の相談はどんな流れで展開されるのでしょうか。それをカウンセリングのイメージで説明してみます。相談に来た人をクライエント（来談者）と呼びます。

面接の始まり方

まずは聴き手が、柔らかな表情で、『はじめまして。〇〇と言います。よろしくお願いします。では、五〇分時間をとってありますから、相談したいことを話していただけますか』と始まるとよいでしょう。これは、①クライエントをウェルカムし、②聴き手の自己紹介をし、③面接時間を確認し、④クライエントに話すことを促しているのです。

面接での座り方は、できれば対面より直角的に座るとクライエントは話しやすいと思います。特に日本人は、真正面で話すことが苦手な人もいますので、視線を外してもよいような配慮も必要かと思います。もちろん対面で座るのがダメというわけではありません。

初回面接で求められること

対人援助の面接では、一回の面接で問題を解決しようと考えない方がよいです。私たちの抱える問題は、そんな簡単なことではありませんし、解決にこだわると無理なアドバイスなどをしてよい関係が作れません。初回面接で目標とすべきことは、次のことです。

聴き手の目標

ていねいに話を聴いて、クライエントが「どんな状況をどんな思いで生きてきたのか」という流れを大まかに理解する。つまりクライエントの人柄や生きてきた流れが大まかに見えてくれば、初回面接としてはそれでよいということです。

クライエントの目標

「この聴き手に心の内を話しても大丈夫そうだ」という一定の安心感を持つ。これがないと、面接を継続する気持ちにならないでしょう。つまり、聴き手はこのクライエントの安心チェックに合格しなければならないのです。

初回面接の終わり方

初回面接を終わるときは、①面接時間を守る、②面接の継続を促す、ことが大事です。『今日はそろそろ時間ですのでこの辺で面接を終わりにしたいと思いますが、もしよければまたおいでになりませんか。何回か来て話をしていくと、安心できる方向が見えてくると思います』などと、クライエントに伝えるとよいと思います。

「今日で終わりにしたい」ということならば、無理に面接継続を勧めません。「また来たい」ということならば、次に会う日時をお互いの都合を配慮してその場で決めるとよいでしょう。また面接の継続は、クライエントに、「今日は時間が来たから終わるが、また話せる機会を約束してくれた」と、援助が継続する安心感をもたらし、クライエントの孤独感を癒すと思います。クライエントが面接継続を決めかねているときは、無理に勧めずに、『来たくなったときは、ご遠慮なくお電話をください』と、温かく伝えるとよいでしょう。

大事なことは、面接を継続する、しないのいずれにしても、クライエントの思いや生活状況を尊重することであり、聴き手が主導権を取ってはいけないと思います。

ところで、面接時間を守ることは、なぜ大切なのでしょうか。多くの相談機関では、面接時間を五〇分か一時間にしています。その理由を私が考えるに、人の話を真剣に聴くのは大変エネルギーがかかり、ちゃんと話を聴ける時間的な目安は一時間、せいぜい一時間半でしょう。二時間を超えると疲れてきて、「早く終わらないかな」と考え始め、それが雰囲気として伝わり、クライエントは「真剣に聴いてくれていない」と聴き手への不信感を感じます。またいつも時間を延長していると、そのクライエントと会うことが億劫になります。だから面接時間を守ることは、クライエントとのよい信頼関係を築くための大事な条件です。

継続する面接の目標

私の経験では、初回面接の印象が悪くなければ、二週間もしくは一ヵ月に一回のペースで面接を継続する人が多いです。継続する面接の目標をどう考えるかは、なかなかむずかしい問題です。聴き手が面接の目標を考えると、自分が好ましいと思う方向へ誘導しがちであり、それがクライエントのためになる保証はありません。ユングは、「心理療法においては、医師が確固とした目標をいっさいもたないほうが実のところ賢明であるように私には思える」[2]と述べ、聴き手は「(クライエントの)個性的な発展の過程を共に体験する」者であり「クライエントと共に、良かれ悪しかれ先入見なしに探求の旅に出る」者であると言います。つまり面接の本当の目標は、クライエントが対話しながら見つけるものであり、聴き手が主導してはいけないとユングは考えます。とても大切な指摘であり、そこには、クライエントがもともと有している自分らしく生きる力への深い信頼があると思います。

また、真剣な対話を重ねていくと、それまでは見えていなかった「新たな意味」が生み出されます。そのことをオープンダイアローグでは「〈対話〉で重要なのは、応答が新たな意味を作り出すことである。共に考えるという領域に移行するのだ」[3]と述べています。では聴き手はまったく目標を持たないかというと、ユングは、クライエントが自分らしく生きる「個性化の過程」を歩むことを願っています。ただその中身を聴き手が導くのではなく、クライエントと聴き手の対話をとおして現れるのを待つべきだと主張しているのです。

私が考える面接の目標は、金子大栄氏がいう「救われるということは、煩悩具足罪悪深重のわれわれの人生経験がみな意味を与えられるということであります」[4]というコトバに尽きます。救われるとは、苦しみや悲しみのなかでも深い安心を得ることです。煩悩具足（生きることに伴う苦悩が身について離れない）、罪悪深重（生きる上で罪深いことをしてしまったという内省の心）を抱えた私たちの、苦しく悲しくやり切れない人生体験に、何か大切な意味を感じられたら、私たちは安心しどんなに救われるでしょうか。

多くの人にとって、無意味な人生という感覚は恐ろしく、自分の人生に意味を見出そうとします。同じことを仏教の華厳経では「受生《じゅしょう》」というコトバを使い、自分を取り巻くさまざまな事態を、自分の人生として腹を据えて引き受けることで解脱（深い安心）が得られると述べています。そしてクライエントが人生の意味を見つける作業を、ユングがいうように、私はていねいな対話をとおして支援したいと思っています。

継続する面接の流れと留意すべきこと

継続する面接はどのように展開するのでしょうか。また、その際どんなことに留意する必要があるのでしょうか。

継続する面接の始まり

『最近はどんな感じで過ごしていますか』とか『最近、印象に残ったことや考えたことはありますか』という感じで始め、クライエントが安心して話せることに配慮するとよいでしょう。『特に変わりはありません』と言うクライエントもいますが、それを否定せずにていねいに聴くと、いろいろと話してくれます。

継続する面接で話し合うこと

クライエントは、過去のエピソードやそのときの気持ちを語りながら、これまでの生きてきた流れをふり返り、抱えている事態の意味を考えていきます。聴き手はそれをていねいに聴いて感想を伝えるとよいでしょう。私は、『そんな大変な働き方をしていれば、心身ともにまいってうつになってもおかしくありませんね。うつが「もうこれ以上がんばったらだめだよ」と言ってくれているようにも思えます』などと、本人の苦労とがんばりをねぎらい、症状の意味を考えることを促すことがあります。その上で、これからどうしたら安心して生きていけるか、働けるかを一緒に考えます。

なお、悩みの話だけでなく、クライエントが大事にしていることや、好きな世界の話をしてもらうことも大切です。楽しめること、わくわくすることは、大事な生きるエネルギーです。それを話すことで、クライエントは忘れかけていた楽しい世界を思い出し、少しずつ元気になりますし、聴き手のなかのクライエントのイメージがとても豊かになります。

回復のイメージ

心の回復とは、元の自分に戻ることではなく、「新しい自分になって前よりも安心して生きられる」ことです。なぜ元の自分に戻ってはいけないかと言うと、また無理な生き方をして同じ苦しみを味わうからです。苦しみや悲しみの体験から学び、新しい自分として再出発しなければなりません。

たとえば、ある会社員は『これまでは無理な仕事でも断らず、毎日深夜まで残業してがんばりましたが、そのためにうつになり、何ヵ月も休職し収入も減りました。ですから職場復帰したら、定時まで一生懸命に働きますが、残業はしません。そうすれば休職せずに働け、自分にも職場にもよいと思います』と話し、それを、勇気を出して実践しました。このように考え方や働き方を、そのときの自分に合うものに変えることが大切であり、そのきっかけに苦しい体験があるように思えるのです。

話せば楽になるか

カウンセリングでは、自己開示すると楽になると言われます。それは「いままで話せなかったことを話せた、自分を理解してもらえた」という感覚でしょう。一方、真剣に聴いてもらったために気持ちが重くなることがあります。それは聴いてもらうことで、それまで目をつぶっていた自分の課題や状況の意味が見えてくるからです。それは、親子の問題、人間関係の持ち方、人生観などかもしれません。ですから、話を聴いてもらうことで「心が楽になる」反面、取り組むべき自分の課題に気づき、「心が重くなる」のです。ただしこれはとても大切なことであり、聴くことの意味深さを感じさせられます。

また面接をしても、クライエントの苦しみは容易には消えません。問題解決の方向が見えないときは、『なかなか楽になりませんね』『いまが苦しいときですね』と苦労をねぎらい、苦しいまま面接を終わるとよいと思います。それは、クライエントが「どうしたらよいかわからない思いを、そのまま受け止めてくれた」と感じ、聴き手への信頼感を深めるからです。逆に、苦しいまま終わってはいけないと思い、『大丈夫、きっとよくなりますよ』などと根拠のない無理な励ましをすると、クライエントは不信感を抱くでしょう。

面接中のメモと記録

仕事の打ち合わせでは間違わないようにメモを取ることが大切でしょうが、心の相談では、聴き手のメモは最低限にした方がよいと思います。それは、人に知られたくない大事なことを話すので、メモを取られると、不安と話しづらさを感じるからです。またメモを取るのは話を忘れないためですが、実際には、メモを取ることにエネルギーが割かれて、クライエントの表情や話のニュアンスを感じられないことが多いのです。ですから心の相談では、メモは、忘れてはならない事項（名前や家族構成など）に限った方がよいと思います。

私は、メモを取らずに五〇分聴いても話の中身を忘れない工夫をしています。それは、「映像を見ているように話を聴く」ことです。たとえば、「上司からパワハラを受けてつらかった」

という話を聴くときは、私は心のなかでクライエントが（私は見たこともない）上司からパワハラを受けている場面を想像して聴いています。すると、クライエントの体験した状況がじつにリアルに感じられ、理解が深まります。しかも映像は記憶に残りやすいのです。

面接記録は、きちんと人を援助しようとするときは付けるべきだと思います。それは、記録が継続する面接で役に立つからです。面接の直前に面接記録を読むことで、それまでの面接の流れを思い出し、クライエントの理解や面接の意味を再確認できます。また「前の話を覚えている」ことは、クライエントからの信頼も得る条件でもあります。

面接記録は、面接終了後できるだけ早く書くのがよいです。「後で」となると、忘れてしまいがちです。面接記録は、面接でのクライエントの大事な発言を、なるべくそのまま、短時間（二〇～一五分程度で）で、簡潔に（A４用紙一ページ以内）書きます。そしてクライエントの秘密を守るために、面接記録はカギが付いた書庫に保管するのがよいです。

面接の終了

継続した面接は、クライエントが『問題が解決したので……』と言って終わることはあまりありません。だいたいは『まだ悩みや問題はありますが、何とかやっていける気がしてきました』というように終わります。人生における悩みや問題はそう簡単には解決せず、それを背負って生きることも多いです。しかし、無くせない悩みを背負っていても、自己信頼が回復し、「自分らしく生きる」腹構えができたとしたら、素晴らしいと思います。またつらい体験が、自分に大切な意味があったと感じられ、生きることの内実が深まったのかもしれません。私は、こうした面接の終了に、人間が持つ生きる力とともに、クライエントへの敬意を感じます。

聴く力をつけるために

では、人の話を聴く力を、どのように育てればよいでしょうか。

聴いてもらう体験を積む

悩みを聴いてもらう

聴く力をつけるには、「人に悩みを聴いてもらう」体験を積むことが大事です。自分の悩みを聴いてもらうと、このように聴いてもらうと楽になるとか、こんな聴き方をされるとつらいという体験ができます。その体験を、自分が聴き手になったときに生かせばよいのです。自分が助けられた聴き方を他人にすることは、実践的にも倫理的にも大切だと思います。

深い苦悩の体験をした人は痛みを知る人であり、生きる痛みを知っている人にこそ援助者になってほしいと思います。そして援助される体験をした人こそ、人に寄り添い話を誠実に聴く援助者となれると思います。

教育分析

聴く力をつける訓練として、カウンセラーになろうとする者が、カウンセリングを受ける教育分析があります。それは、カウンセラーをめざす者がクライエントになり、悩みを相談するのはどれほど勇気がいるか、悩みと取り組むにはどういう援助が必要か、そして誠実に悩みと取り組むと安心の生き方が見えてくる、ということを体験的に学ぶことです。そして援助される立場から聴くことを学んだ人が、温かなカウンセラーになると思います。

私はカウンセラー駆け出しのころ、当時茨城キリスト教大学教授の鈴木研二氏に二年間、教育分析を受けました。いま思うと、厳しくも温かく私を育ててもらえたありがたい体験でした。もし教育分析を受けなければ、クライエントの気持ちを理解できず、人を上から見下ろすような冷たいカウンセラーになっていたかもしれません。また前述した金子大栄氏の「大事な問題はいつでも、それで自分が助かるか助からんかということである」ということの意味は、自分が悩みを抱え人に相談する体験なしには理解できないと思います。いつでも自分が援助される立場に立つこと、これを私はいつまでも大切にしたいと思っています。

スーパーヴィジョン

また専門のカウンセラーやソーシャルワーカーなどの援助職になったら、自分が担当する事例について、先輩の専門職から指導やアドバイスをもらうスーパーヴィジョンを受けるべきだと思います。いつもひとりで事例を担当していると、どうしても自分の経験で見てしまいがちです。

その危険に無自覚だと、独りよがりの援助者や上から目線の冷たい援助者になりかねません。

他者の人間観や人生観に謙虚に耳を傾け学ぶことで、援助職としての自分の考え方、感じ方を見直し、人間観を深めることができます。そしてスーパーヴィジョンは、実際はカウンセリングと同じなので、援助職をしながらクライエント体験ができます。そのために、信頼できる先輩指導者（スーパーヴァイザー）を見つけておくことも必要でしょう。

人間理解を深める知識や技法を学ぶ

安心して話を聴くためには、人間理解を深める知識や技法を学ぶことは役に立ちます。「先入観を持たずに聴く」といいますが、話し手が、聴き手のまったく知らないことや拒否感を伴う話をすると、聴き手が動揺して話を聴けなくなることがあります。しかし聴き手が、人生の多様性や社会問題、心身の症状などの知識を学ぶと、ある程度、落ち着いて話を聴け、見当違いのアドバイスや励ましをしないで済みます。ですから聴く力をつけるには、多様な知識を学び、人の心を深く理解するための技法を身につけることは大切だと思います。それは、聴く力を育て、自分の世界を広げ、とても楽しいことです。

人を理解する知識を深める

社会、人生、心、症状などに関心を持ち知識を得ると、話し手の気持ちや事態の意味を理解しやすくなり、安心して聴けます。その例を、いくつか挙げてみましょう。

【例1】「大切な人を失ったとき、不眠や不安、うつ的状態などの症状が出るが、それは自然な反応であり徐々に和らいでいく（ただし、長期にわたるときは専門家の対応が必要となる）」ということを、ぜひ知っておいてほしいと思います。喪失体験から回復するには、まず安心して悲しめる時間と環境が必要です。それを知らないと、喪失体験による症状の意味がわからず、『いつまでも悲しんでいないで、早く元気を出して』などと無理な励ましをするかもしれません。それが好意によるものだとしても、本人は批判されたと感じ、理解されないつらさを味わいます。また「大切な家族を思いもかけないかたちで失った人は、葬儀や一周忌などの儀式が終わった後に、深い悲しみや喪失感に襲われることが多い」ことも知っておくと、遺族の悲しみをより理解でき、寄り添えると思います。

【例2】「うつ状態による休職から職場復帰した人が、自分に合った働き方を身につけるには、約一年を要する」ことを知らないと、上司や同僚が、本人が復職してもなかなか調子が出ないことに不安やいら立ちを感じ、がんばるように促し、堅実で安全な回復を妨げてしまうことがあります。本人が再びまいらない新しい働き方を見つけるためには、努力と時間と周囲の理解が必要なのです。

【例3】 働く人のうつを、「症状はあってはならないものであり、症状さえなくせば問題は解決する」と考えるか、「うつは無理な働き方を教えてくれる大切なサイン」と理解するかでは、関わる姿勢もめざす回復の方向も変わってきます。生物学的精神医学の医師の多くは、うつは薬と休息で治ると考え、症状以外の本人の話を聴く必要を感じないようです。しかし私は、薬と休息の必要性を否定しませんが、それだけでうつが回復するとは思えず、援助者は、本人がうつになった事情を理解し、これからどうすれば安心して働けるかを本人と考えることが大切で、それなしにはうつは回復しないと考えています。

これらの事例でもわかるように、事態や症状についてさまざまな見方があり、それによって援助の姿勢や関わり方が変わってきます。どちらが役に立つかは、自分が援助される立場に立って考えることで、見えてくると思います。

人を深く理解するための技法を身につける

対人援助では、「聴いて理解する」力をつけることが基本ですが、それに加えて、自分に合う心理療法の技法を身に付けると、人間理解のまなざしが広がり深まります。それらには、フォーカシング、コラージュ、箱庭、描画法、各種療法、心理検査、エンカウンター・グループなどがあり、それぞれの理論があります。どの技法を使うかは、「自分がつらいとき、その技法は助けになるか」というまなざしで判断すればよいと思います。自分がされて嫌な技法を他者に施すのは、倫理的にもおかしいでしょう。

そうしたさまざまな技法の例として、私が訓練を受けた「夢とつきあう」ことをご紹介します。私は二年間、夢分析を中心にした教育分析を受けました。ユング派の深層心理学では、「夢は心の奥底にいるもうひとりの自分が、日常の自分に送るメッセージ」と考えます。「あなたはこんなことで苦しんでいるのではないか」、「本当はこのように生きてみたいのではないか」と、深層意識が夢をとおして言ってくれると考えるのです。深層意識の見方は、日常意識の見方とは違うことが多いので、その両方の見方を大切にして日常生活を送ると、バランスがとれた生き方ができ、自分らしさも育ちます。カウンセリングでも、問題の出口が見えないとき、クライエントに見た夢を話してもらい、その夢の意味を一緒に考えると、安心の生き方が見つかることもあります。
その例として、私が見た夢をご紹介します（夢でのAさんは、実際のAさんではありません）。

大学の構内で、友人のAと会う。Aはいま、開業医として活躍している。Aは私に『物理の試験どうだった？』と聞く。私が『三〇点』と答えると、Aは驚いたように『俺は三〇〇点だ。どうしたんだ、あれほどできたのに』と言う。そして『野に下るのか』と冗談っぽく言う。その後、物理の講義を聴く。よくわからず、宿題もどうやったらよいか見当もつかない。Aが『本当に野に下るつもりか』と聞く。私は『そうかもしれない』と思う。

これは、私がカウンセラーとしてめざす方向を教えてくれた夢です。当時、私はカウンセラーの駆け出しで、専門的な学歴もなく身分も不安定で、社会で活躍している人と自分を比べてつらくなり、カウンセラーになれるかも不安でした。夢分析の指導者はこう言いました——「カウンセラーになるためには、こういう夢をたくさん見るべきだ。夢の三〇点や三〇〇点は、この社会での学歴や肩書や収入を象徴している。学歴や社会的地位が高い人はそれが大事だと思うから、大築の低い点数を心配している。しかしカウンセリングでは学歴や肩書や収入は何の力にもならず、カウンセラーは全人格で勝負するしかない。だから周りの人と比べて悩んだり自分を卑下したりせずに、大築はひたすら自分の人格を深める修行を積めばよい」と。

この夢は、不安定な立場にいることに引け目を感じていた自分に、心の奥底の「もうひとりの自分」が喝を入れてくれたのだと思います。この夢で、「カウンセラーに大事なことは、困っている人に真剣に寄り添えるように自分の内面を深めることだ」と確信が持てました。この夢のおかげで、そうしたまなざしを修行の初期の段階で持て、いまでもありがたく思っています。

これは、夢という技法を学んだ私の体験です。私の場合は、夢を学んだことで自己理解や他者理解を深められ、夢とつき合うことで、セルフケアができるようになりました。ですから対人援助を志す人は、自分に合った人間理解の技法を学んで身に付け、聴く力をより深めるとよいと思います。またそれにより、自分の世界の広がりを楽しめると思います。

第二章

症状やストレスへのまなざし

この章では、私たちが出会うさまざまな症状やストレスをどう理解し、どうつきあえばよいかを考えましょう。

症状への理解

ストレスへの基本的な考え方

私たちは生きる上で、人間関係や働くことなど一定のストレスを抱えざるを得ません。問題は、そうしたストレスとどうつきあうかであり、大事なことは、①気分転換で解消できるストレスか　②気分転換では対処できないストレスか、を見極めることです。

気分転換で解消できるストレス

まずは、気分転換をするという対処があります。

よくいわれるストレス解消法としては3Rがあります。一つ目はレスト *Rest*、つまり身体と心を休めることです。睡眠を十分にとる、年休をちゃんと消化して休みを確保するなどです。二つ目はリラックス *Relaxation* です。好きな音楽を聴いたりアロマを焚くことで、心が休まります。かわいい犬や猫を飼うのも心が癒されます。三つ目はレクレーション *Recreation*。楽しい趣味を見つける、のんびりと旅行に行くなどです。

このように、さまざまな気分転換を工夫してストレス解消ができれば、多少ストレスがあっても、からだや生活を壊さずにやっていけるでしょう。その意味では、自分に合ったストレス解消法を見つけることは大切だと思います。

気分転換では対処できないストレス

しかし、気分転換で解消できるストレスは限られています。

たとえば、過重労働で疲れ切った人は、『これまではスポーツで気分転換ができていましたが、いまはそれをする気力が出ません』と訴えます。パワハラを受けてうつ的になった人は、『友人は励ますつもりで食事に誘ってくれますが、楽しいはずの食事がいまの私には苦しいのです』と言い、気分転換もできずに苦しみ、休職するかもしれません。ですから、気分転換では解消できないストレスも多く、それらは症状として現れることを理解しないと、無理な励ましをしたり、自分を情けないと責めてしまいます。

気分転換では解消できないストレスを抱えたときの対応の基本は、①苦しいことを自分で認める、②誰かにＳＯＳ（助けて、苦しい）を出す、③いま抱えている苦しい状況の意味を考える、です。第三章では、ストレスによる症状の理解とともに、症状やストレスへの対応を、具体的に考えてみましょう

いのちを守るサインとしての症状

私たちは、さまざまな症状や問題行動を、あってはならないことであり、なくさなければならないと考えがちです。確かに、苦しさや困ったことをなくしたいと思うのは自然なことです。がんや難病、重い精神疾患などで苦しんでいる人や家族にとって、病気はいのちを脅かし人生をだいなしにするものであり、「この病気さえなければ」と思い、症状がなくなることを切

に願うと思います。本当にそのとおりです。そしてそのように考えているときは、「症状とたたかい症状をなくす」というまなざしを持ちます。

しかし、私がカウンセラーとしてうつや過食症などで苦しんでいる人とつきあうなかで、症状や問題行動を「あってはならないもの」と考えずに、「症状は何を言いたいか」というまなざしを持つことで回復が得られることも多く見てきました。これは症状を「心や身体が発するコトバ」、つまり身体言語として受け取ることが回復に結びつくということです。私は、症状にはいのちや健康を奪うものばかりではなく、逆に事態の危険性を教え、私たちのいのちを守ろうとする症状もあると考えています。

たとえば、職場や家庭生活などで困難な状況に直面したとき、多くの人は責任感、生活、自尊心のために、無理をしてでもがんばります。『あまり無理をするな』と言いますが、「がんばらなければ……」と思っている人には、どこから無理なのかは見えません。しかし私たちは生身の人間であり、心も身体も限界があります。もし過酷な状況で働き続ければ、過労死するか過労自殺をしてしまうのです。そのようなとき、私たちのからだは、さまざまな症状や問題行動を出して危険な状態を教え、いのちを守ろうとします――「おまえさん、無理しすぎだよ。疲れているしいまのままでは危険だよ。生き方を変えるべきだよ」と。このように受け取ることができれば、私たちのまなざしは、「症状とたたかう」ではなく、「症状のサインに耳を傾ける」「症状とつきあう」へと変化します。すると直面している状況の意味に気づき、回復の方向と方法が見えてきます。そしてそれらの取り組みをとおして、本人の生き方の中身が広がり深まり、生きるたくましさが育つのです。

過剰な疲れやストレスから来る症状

まずは、私たちが過剰な疲れやストレスを抱えたとき、どんな症状が生じるかを見てみましょう。症状は、①身体面、②行動面、③精神面に現れます。

身体面に現れる症状

過労やストレスが身体症状として出ることは珍しくなく、心身症とも呼ばれます。特に「がんばり屋さん」は症状が身体に出ることが多いようです。それらの症状は強烈なことも多いので、多くの人は医者に行き、さまざまな検査を受けます。人によっては、なにか悪い病気になったのかと心配します。しかし専門の医師が検査しても特に異常がないことが多く、それを自律神経失調症と診断されることが多いようです。

心療内科医の松崎博光氏は、自律神経失調症の暫定的な定義として、「検査をしても、その症状を裏付ける異常所見が見出されず、また器質的病変がないのに、自律神経の機能障害によって、さまざまな体の不定愁訴を訴える状態」[1]と述べています。自律神経失調症とは、血流、呼吸、消化など身体の生命維持機能を自動的に担っている自律神経（交感神経と副交感神経）が、過労やストレスなどでバランスを崩し、さまざまな症状を生じる状態です。日本独特の診断名だそうですが、私はとても核心をついていると思います。

具体的には、頭痛、肩こり、腰痛、吐き気、胃痛、下痢、動悸、涙、じんましん、円形脱毛、手足のしびれ、めまい、難聴、耳鳴りなどです。これらの症状を経験している人はかなりいると思います。また最近は、死んでしまうのではないかという強烈な不安に襲われるパニック障害（不安発作）もよく聞かれます。

行動面に現れる症状

過労やストレスによりさまざまな問題行動が生じます。きちんとしていた人の生活が急に乱れる。ギャンブルにのめりこむ。酒を過剰に飲みだす。過食や拒食などの摂食障害になる。リストカットなどの自傷行為をする。職場に遅刻や無断欠勤をする。仕事でうっかりミスを頻発する。不登校や引きこもりになる。妙に怒りっぽくなる、などがあります。

精神面に現れる症状

精神面に現れる症状は、「うつ」が代表的ですが、その他に、いらだちや不安、強迫症状などがあります。普段はそんなことがないのに、些細なことで『何やってるんだ』などと子どもや部下に怒りをぶつけることがあります。そうしたときは、だいたいは疲れています。疲れやストレスは、怒りの表現として出ることが多いのです。それを理解すれば、もし自分が妙にいらいらして怒りっぽくなっているときは、「自分は疲れているんだな。このままではいけない」と自覚して、生活や働き方を改善する必要があります。特に、うつの理解と対応はとても大事ですので、症状の理解と回復のところで説明したいと思います。

症状の回復へのまなざし

回復や改善が容易に見込めない難病や末期がん、重い精神疾患などの治療の主な部分は専門医に委ねるにしても、「なぜこんな病気になったのか」という本人のやり切れなさや絶望、苦しみを聴いて受け止めることは、本人の孤独感を和らげ、苦しみのなかでも生きる気力を回復するための大切な援助です。そしてその心のケアは、医師や看護師、家族や友人、上司や同僚、カウンセラーやケースワーカーなどの大事な役目だと思います。

現代の精神医学では、精神症状を脳の病気ととらえる「生物学的精神医学」が主流であり、精神症状を脳内神経伝達物質の異常として説明します。しかし実際にはそれで説明できないことも多いらしく、私は、身体的原因にこだわり過ぎずに、「この症状は何が言いたいのだろうか」という身体言語的なまなざしで考えた方が、理解も深まり回復にもつながると思います。そうなると、「症状とたたかい症状をなくす」まなざしではなく、「症状と対話しながら回復をめざす」まなざしが有効になるでしょう。

もし症状が、無理な生き方や過剰なストレスの危険性を教えるサインなら、それを理解することが症状を収束させる道でしょう。たとえば、火事になると火災報知器が火事の発生を教え、消防車が来て火を消してくれます。これと同じことが心身の症状にもいえます。過労やストレスで心身がまいる（火事になる）と、うつなどの症状が出て危機を教えます（火災報知器が鳴る）。ですから回復（火事を消す）とは、症状をサインと受け止め、ストレスや疲れで苦しむ状況や生き方を直すことだと考えるべきです。

ところが多くの人は症状に注意が集中し、症状さえなくなればよいと考えます。それは、火災報知器のスイッチを切ることと同じであり、火事（無理な生き方やストレスによる苦しみ）を消せず、症状もなくせずに、延々と薬を飲み続けることになりかねません。

多くの人が、精神科で話を聴いてもらえないと訴えますが、それは生物学的精神医学の医師が、症状さえ聞けば診断と薬の処方ができ、症状の背景や原因を知る必要はないと考えているからではないでしょうか。

もちろん症状がきついときは、精神科や心療内科の診断と治療を受けることも大切だと思いますし、薬で不眠やうつの症状、妄想や幻覚などの重い精神症状が一定程度緩和されることは承知しています。ただそれはあくまでも症状の緩和であり、症状が生じる原因、あるいは症状の意味には迫れないと思います。

「うつは服薬と休息で治る」と考える専門医が少なくないようですが、私はそれだけでは不十分だと考えています。たとえば過労やパワハラでうつ状態になった人が、服薬と休息だけで元気になるでしょうか。「職場の状況が変わらねば、休職を続けても楽にならない」と訴える人は多くいます。服薬と休息だけではなぜ不十分かというと、うつにならざるを得なかった本人の事情と苦労をねぎらい、これからどのように生きれば安心かを一緒に考えることが欠けているからです。

人は他者から大切に扱われ、思いを親身に聴いてもらうことで、生きるエネルギーを回復できるのであり、それが、うつの回復にはもっとも重要だと私は考えています。そしてそうした対応は、疲れやストレスによる症状だけではなく、がんや難病、重い精神疾患の患者や家族に対しても必要だと思います。

服薬や休息できつい症状を緩和する意味は、心身の落ち着きを一定程度、取り戻し、「これからどうしたら安心して生きていけるか」を考える余裕を作ることです。「しっかり治して前のあなたに戻って復帰して下さい」と言う人がいますが、それは違うと思います。なぜなら、前の自分に戻ったら、また同じ苦しみを味わうからです。回復とは、「新しい自分として、安心の生き方、働き方を見つける」ことだと思います。また苦しい体験から学び新しい自分にならなければ、うつはただのつらい体験にしかならないでしょう。

そのようなまなざしで、さまざまな症状の理解と回復の方法を見ていきましょう。

身体症状の理解と回復

頭痛

カウンセリングでクライエント（来談者）が頭痛を訴えることはよくあります。それは、専門医が検査して特に異常がないのに生じる頭痛です。クライエントは、頭痛の苦しさをわかってほしいと同時に、頭痛が生じる意味を共に考えてほしいのだと思います。

ある青年は、偏頭痛で苦しんでいました。医師は特に異常がないと言い、薬を飲んでも頭痛は治まらないため、親に勧められてカウンセリングに来ました。彼は、親の期待する進路は自分の願いと違うので、長続きしないと感じていました。しかし自分がめざしたい進路も決して楽な道ではなく、親に自信をもって主張できませんでした。どうしたらよいか、彼にはまさに「頭の痛い」問題でした。

こうした事情をカウンセリングで話し、カウンセラーと対話するなかで、いま進路に悩み迷うことが、当然であり大事な意味があると感じました。そして彼は勇気を出して親に自分の思いを話し、それを親が批判せずにしっかりと聴いてくれたことで、彼は自分が大切にされているることを感じ、深く安心しました。するとあれほど悩まされていた頭痛が軽くなり、頭痛がない日も多くなりました。これも、症状のサインに耳を傾けた成果といえないでしょうか。

腰痛

ストレスで腰痛になることはあります。ある会社員は、職場の人間関係で苦しんでいました。彼は出勤時になるとひどい腰痛に襲われ、休む日が増えましたが、休日には腰痛はないのです。上司は仮病を疑ったようですが、実際に痛みはありました。

その後、職場の異動があり人間関係がよくなると、腰痛が徐々に緩和され、数ヵ月後にはほとんど消失したのです。ニューヨーク大学の痛みの専門医が書いた『心はなぜ腰痛を選ぶのか』[2]という本も、精神的ストレスが身体に与える影響の大きさを示しています。

じんましん

肌はとてもストレスに敏感です。じんましんには、食物アレルギーによるものだけでなく、精神的ストレスや過労によって生じるじんましん（慢性じんましん）があり[1]、かなりの人がストレス性のじんましんを体験しています。これは、発疹や土手のような皮膚の盛り上がりの出現と消失を繰り返します。また職場や家庭でひどいストレスを抱えた人からは、円形脱毛症やアトピー性皮膚炎の再燃という報告を受けています。

肌は、心身の危機に際して、強いサインを出して対処の必要性を教えてくれます。そしてこれらの症状は、苦しさを温かな姿勢で聴いてもらえると、和らいでいくことも多いのです。

吐き気、胃痛、下痢、涙

たとえば学校に行くことがつらくなった子どもは、よくお腹の痛みや吐き気を訴えます。心配して医者に連れて行くと異常ないと言われることが多いので、親は子どもがうそをついているのかと思いがちです。しかし実際に子どもは苦しいのです。大人でも、パワハラの上司の声を聞くと吐き気がする、つらい職場に行こうとすると下痢をするなどは珍しくありません。

そのとき身体言語というまなざしがあれば、「吐く」ことを、いまの状況を心理的に受け入れられない、「下痢」することを、いまの状況を心理的に消化できない表現として理解できます。もし症状をそうしたサインとして感じれば、症状をなくすことを考えるよりも、そうした苦しみを抱えたいまの生活を見直すことが回復につながるとわかってきます。そして本人が安心できれば、症状は驚くほど早く治まることが多いのです。

めまい

高血圧やメニエル病でもないのにめまいがして歩けないことがあります。スポーツマンでもある会社員は、職場のストレスでうつになり休職すると、めまいがして杖を使わないと歩けなくなりました。ところが遠い実家に帰省したときは、めまいもせずにすたすた歩けました。それなのに職場に近い自宅に戻ると、再びめまいで歩けないのです。

これも症状を身体言語として理解すれば、めまいは「精神的にフラフラだ」ということであり、安心できる生き方を見つけることが回復につながると思います。

突発性難聴

突発性難聴とは、突然聴こえなくなる、あるいは聴こえにくくなる症状です。専門の耳鼻科医から「特に異常ないので、聴こえないのは精神的なものではないか」と言われ、カウンセリングに来ます。私がお会いした中年の主婦や若い女性は、いずれも家庭や職場・学校で他人から批判されるストレスで苦しみ、しかもそこから逃げられない状況でした。カウンセリングでそうした苦しみを話し、症状の意味と、安心して生きることの大切さを理解すると、安心し、難聴の症状は軽快あるいは治癒していきました。

カウンセリングで突発性難聴が治るとはいいませんが、難聴を、「自分を批判する声を聴いていると自分が壊れる」とからだが感じ、自動的に耳に蓋をして、自分を守ったと理解できないでしょうか。これは深層心理学でいう防衛機制ですが、そうした症状が生じるほど苦しい本人の思いや事情をよく聴くことが、援助の基本となりましょう。

パニック障害

これは不安発作ともいわれ、突然強い身体症状（息が苦しい、心臓が止まりそう）が生じ、このまま死んでしまいそうな強烈な不安に襲われます。しかし病院では異常なしと言われるので、得体の知れないものに襲われたような不安や混乱が深まります。ストレスはパニック障害の直接的原因ではないとの説もありますが、本人に聴くと、過重な仕事や重圧がかかるイベントなどが背景あるようです。そしてまた発作が起きるのではと不安になり、外出や人づきあいを避け、すぐ逃げられない特急電車や飛行機に乗れなくなります。

しかしその苦しさを誰かにしっかり聴いてもらい、発作が起きても何とかなるという体験を積むと、安心感が育ち、パニックの回数と程度は減っていきます。つまりこれらの症状を、「がんばりすぎだよ、無理な生き方をしているよ」というサインと思えたら、安心できる生き方や働き方を見つけることで、症状は回復していくと思います。

ギャンブル依存

ある男性はパチンコで多額の借金をしました。それが明らかになったとき、「もう二度としない」と謝るので、その借金を親や親戚が肩代わりしました。しかしギャンブル依存症になっていたためか、約束を破りまたパチンコで借金を作ったのです。裏切られた妻は離婚を決意しましたが、夫は家族と離れたくないと懸命に謝ります。そこで妻は夫と話し合い、「カウンセリングを受けて本当に反省したら離婚は取りやめる」ことにしました。

夫は、もともとは真面目な人なので、二年間休まずにカウンセリングに通いました。面接ではパチンコをしていないことを毎回確認しながら、これまでどんな思いで生きてきたのかをふり返りました。そして家族に受け入れてもらえないと思い悩んでパチンコに逃避していた自分に気づき、自分に大切なことはパチンコではなく、妻や子どもたちと楽しく暮らせる家庭を築くことだと考えるようになりました。変化した夫を見た妻は、「もう大丈夫だと思う。夫とやり直せそうです」と言い、カウンセリングは終了しました。

ギャンブル依存症になると、カウンセリングも長続きしないといわれますが、この事例では、何とか立ち直りたいという本人の思いが強かったため、カウンセリングにも真摯に通い、ギャンブルの背景となった淋しさや虚しさに気づいたのだと思います。ギャンブル依存症にはアルコール依存のような自助グループＧＡ（ギャンブラーズ・アノニマス）が有効といわれ、個別カウンセリングの限界もあると思いますが、人生をやり直して安心して生きたいという本人の真摯な願いを育てる関わりも意味があると思います。

過剰飲酒

長年にわたるアルコール依存症になると、職場や家庭でさまざまなトラブルを起こし、かなり悲惨な状況になり、そこからの回復には、ＡＡ（アルコホリック・アノニマス）や断酒会などの自助グループに入り、日常的にお互いを支え合う関係を作ることが必要だといわれています。

ただ、アルコール依存になるきっかけの多くには、職場や家庭のストレスから逃れたいという気持ちがあります。過剰飲酒を始めて間もない頃なら、その事情や思いを傾聴し、安心できる働き方や生活に変えていく必要性を話し合うと、意外と早く過剰飲酒が治まることがあります。アルコールに依存している事実と理由を認めた上で、新しい人生を見つけようと意識することが大事なのだと思います。

自傷行為

リストカットや薬物多飲（オーバードーズ）などの自傷行為については、「リストカットでは死なない」と軽く考える人がいますが、自分の身体を傷つけるほど苦しいというサインであり、その思いを重く受け止めなければなりません。そのためには、自傷行為を止めるように説得するよりは（無理だと思いますが）、一生懸命に本人の思いを聴いて、そのつらい思いを理解するという関わりが求められます。

職場の無断欠勤

無断欠勤をしたことがない人が無断欠勤をしたら、軽く考えてはいけません。それは職場のルール違反だけでなく、仕事を放棄して死にたいという気持ちの現れかもしれないからです。私は、そうした事例を産業医から聞きました。もし無断欠勤があったら、自殺の危険があるかもしれないと考え、職場はすぐに本人と連絡を取り無事を確認するとともに、どういう事情があるのかを聴いて、自殺の危険から本人を守らねばなりません。

仕事でのうっかりミス

それまできちんと仕事をしていた人が急にうっかりミスを頻発するのは、かなり疲れているサインです。疲労で注意がおろそかになっているのです。それを理解しない上司は『ミスを続けてダメじゃないか』と叱りますが、本人を追い詰めるだけでしょう。本人もミスをする自分に苦しんでいるからです。仕事のミスを職場として見過ごすことはできませんが、そのことだけを叱責するよりは、本人を呼んで静かな場所で、最近のミスの多さを心配していることを伝え、『どうしたのか話してくれないか。問題を一緒に考えよう』と、職場として援助したい気持ちを温かく伝えることがよいと思います。

不登校、引きこもり

二〇二一年度に不登校になった小中学生は全国で二四万五千人に上り過去最多となりました。特に中学生では二〇人に一人が不登校という深刻な事態です。[3] こうなると個々の家庭の子育て云々では説明できず、いまの社会は子どもたちが安心して学べないひどい状態だとの認識が必要でしょう。また引きこもりは、「社会的参加（教育、就労、交友など）を回避し概ね家庭にとどまっている状態」といわれますが、現在十五歳から六十四歳の引きこもり状態の人は、約一四六万人と推計されています[4]。

引きこもるきっかけには、いじめやパワハラ、ひどい労働環境などがあり、彼らの多くは心の深い傷（トラウマ）を抱えています。ですから彼らとの対応では、どうやって学校や社会に復帰させるかと考える前に、彼らの学校や社会に対する不安、不信感、孤独感をよく聴き、そのつらさをねぎらいながら、自分も社会で生きてよいという安心感を育てる必要があります。

場面緘黙、チック症

社会のなかで生きることへの不安が強い、あるいはつらい体験をした思いを表現できないとき、緊張した場面になると話せなくなる（場面緘黙）、突発的な身体の一部の速い動きや発声を繰り返す（チック症）などの症状が出ることがあり、特に子どもに多いといわれています。援助としては、話すことの強要やチックの禁止ではなく、本人が身構え緊張する必要がない安心できる人間関係をていねいに作ることだと思います。

私は、小学校の教師から、場面緘黙の子にコラージュ（雑誌や本などに載っている写真や絵、文字を自由に切り抜き台紙などに貼りつける）を勧めたところ、言葉によらない自己表現が徐々にできるようになり、本人の表情も柔らかくなり話も少しずつするようになったという話を聴き、感銘したことがあります。本人に寄り添うとは、本人が身構えざるを得なくなった事情を理解し、つらさをいたわりつつ、本人が安心できる自己表現方法で温かく関わっていくことなのだと思います。

児童虐待

児童虐待は最近急激に増え続けており、親や同居の大人に子どもが殺されるような痛ましいことは絶対になくさねばなりません。そのために児童相談所をはじめとした子どもを守る社会的な機関や制度の充実が求められます。ただ、虐待をする親のなかには、生活が困窮し援助者もいず孤立し絶望的になり、そのいらだちを弱い子どもにぶつける親もいます。

だからといって虐待を認めることはできませんが、親の苦しい状況を見ずに親を責めるだけでは問題はなくならないでしょう。虐待の程度に応じた親の処分と子どもの保護を考えなければなりませんが、同時に、苦しさと絶望を抱えた親に対する生活援助と、温かな人間性を取り戻すための支援（カウンセリングや教育）を考えないといけないと思います。

摂食障害（特に過食症をめぐって）

極端ながんばり過ぎや過剰なストレスによって、拒食症や過食症などの摂食障害が生じることは稀ではありません。摂食障害については多くの本が出ていますが、鈴木研二氏の『見られる自分』[5]が昔話を用いながらとてもわかりやすく書いてあるのでお勧めです。

拒食が極端になると生命の危険も生じますので軽く扱うわけにはいきませんが、拒食にしても過食にしても、そうならざるを得ない事情や思いに真摯に耳を傾けることから支援を始めなければならないと思っています。

ここでは私が経験した過食症の人への支援を述べ、問題行動へのまなざしと回復の過程を説明したいと思います。私が、過食の相談で会った人の多くは二十代から三十代の女性でした。どのくらい食べるのかを本人に聞くと、『冷蔵庫に頭を突っ込んで食べるようなイメージで、自分でも驚くほどたくさん食べます』、『コンビニで弁当や菓子、飲み物を大きな袋いっぱい買い、それを一気に食べます』などと話してくれます。

【過食症の人のがんばり過ぎ】　彼らの多くは「がんばり屋」であり、優秀な会社員、公務員、看護師、学生など力のある人たちでした。がんばる目的の多くは、「他人や世間の期待に応えたい」

ということであり、その背景には、「自分を受け入れてほしい、自分を認めてほしい」という切実な思いがあるようです。他人とは、職場では上司や先輩、家庭では親や夫であり、学校では教師や友人たちです。だから、がんばって仕事や勉強をしてよい結果を残し、周囲の評価は高まります。そして本人は認められたことを喜び、より一層がんばるのです。

また世間とは、主には男性優位社会が勝手に作り出す「女性はこうあるべき」というイメージ、たとえば「かわいい子」とか「スタイルがよい子」であり、服装や化粧など外見を必要以上に気にし、無理なダイエットに励む人もいます。表面的には、一生懸命に働き仕事で立派な成果を出し、見事にシェイプアップしてみせるのですが、本人の内面を見ると、周囲の期待に振り回されて疲れ切っている自分がいます。

周りの期待に応えて評価を得たいという思いは、私たちも持ちます。それは、「自分も存在する価値があり、自分も必要とされている」という感覚であり、それが、社会で生きる基本的な安心を作ると思います。しかしそれは両刃の剣であり、周囲の期待に応えようとしても、それがもともと無理なものならば、本人は心身ともに疲れ切り、期待に応えられない自分を責め、自信を失います。それにしても、何でそんなに無理をするのでしょう。

過食になる人は、何らかの心の傷（トラウマ）を抱えている人が少なくありません。そのトラウマは、親から温かく受け入れられなかったという生育過程から生じることもあるし、人間関係でのいじめ、からかい、裏切りなどから生じることもあります。どちらにしても、自分が安心して存在してよいという感覚（基本的安全感）が否定され、傷つけられる体験です。そして、そのトラウマの程度によっては、自己信頼感が破壊され、無力感、孤立感に脅かされます。

過食症の人が背負うトラウマ

自分に自信を失ったとき、回復の方法のひとつは、「自分は他者の役に立っている、自分は他者から必要とされている」、という感覚を得ることです。これはかなり切実な感覚で、カウンセラーや看護師などの援助職をめざす人のなかには、そうした背景がある場合も少なくないように思います。

他人の期待に応えようとがんばれば、当然、周りからの評価は高まり、本人もうれしいには違いありませんが、そのがんばりが限界を超えていると、「心身の疲れ、心の空虚さ、怒り」がやってきます。心身の疲れは、人間の基本的な欲求である休息や食事や睡眠をおろそかにしてがんばるからです。心の空虚さとは、「こんなにくたくたになるまでがんばっているけど、いったい私は何やっているのだろう。こんな生活を本当に私は望んでいるのだろうか」という、生きる意味を失った感覚です。表面的な充実感はあるように見えますが、内実は、何か大事なものを見失っているのです。

怒りとは、このような事態に自分を追いやっている他人や世間に対しての怒りです。その怒りを表現できればよいのですが、過食に走る人には、怒りの表現（異議申し立て、自己主張、自己表現）が苦手の人が多いようです。たとえば、異議申し立てをする女性に対して、「かわいくない」として否定的に評価する男性社会のまなざしがあります。女性がそれを察すると、自分を受け入れてもらうために、従順な女性（＝女の子）を演じてしまうことが多く、吉澤夏子氏は、社会に異議申し立てをしない従順な女性を「女の子」（大人の女性でも）と呼び、可愛がるふりをしながら、男性社会にとって都合のよい形で女性を序列化している現実を指摘しています[6]。女性は表面的にはかわいい子を演じても、実際のさまざまな差別に直面すると心のなかの怒りは収まらないわけですから、その怒りは、どこかに出口を見つけようとします。過食は怒りの表出であると述べている本もあります[7]。

心を満たす代替行為としての過食

私たちが「心身の疲れ、心の空虚さ、怒り」という苦しみを抱えたときは、どうしたらよいのでしょうか。理屈からいえば、その反対のことをすればよいはずです。つまり「心身を休める。心を満たす。自分を主張する」です。

心身を休めるとは、無理な生活を改め、必要な休息、食事、睡眠を取り、自分に合った生活・労働のパターンを見出すことです。心を満たすとは、これまでの生き方を振り返り、もう一度、自分のやりたいこと、安心できる生き方や人間関係を見つけていくことです。自分を主張するとは、納得いかないことや理不尽な攻撃に対する怒りの感情（つぶされてたまるか、納得できないことはできない）を、破壊的でない方法で表現していくことです。

しかし実際には、そう簡単にはいきません。なぜならば、がんばり屋の人は、自分が疲れて苦しいという事実を認めたくないからです。それを認めることは、逃げであり、弱い人間になってしまうと考えます。何よりもがんばらなかったら普通の人間になってしまい、それまでの周りからの高い評価を失うことになり、それは到底、耐えられないのです。だから、苦しんでいる事実を見ないことにする、気づかないことにする、自分で自分の心にふたをする。深層心理学的にいえば、抑圧もしくは否認という防衛をしてしまうのです。

しかしこのように自分の心にふたをしても、限界を超えて苦しんでいるという事実は存在しているので、何か代替的な対応策を作ってごまかそうとします。それが「腹を満たす＝過食」

という行為だと思います。本当は心を満たしたいのですが、それとまともに取り組むのは怖いので、腹を満たすという代替行為をする。ところが同じ「満たす」ということでも、心と腹ではまったく違います。もし、本人が本当に腹を満たしたいのなら、たくさん食べれば、「ああ、食った食った」と満足するはずです。しかし、過食の人は目一杯食べると、今度は後悔します。「また誘惑に負けて食べてしまった、自分は弱い人間だ」と自分を責め、「太ったら大変だ」と不安にかられます。その結果、過食した後、「吐く」ことをやり、過食していることを否定し、同時に自分の本当の苦しみも否定しようとします。

このように、過食の人たちの多くは、学校や職場で限界を超えて「いい人、がんばり屋」を演じ、くたくたに疲れて家に帰り、心身を休め、心を満たす代わりに、過食をします。そして過食した自分を責めて、食べたものを吐きます。そのため身体に栄養がろくに残らないから疲れは一層増すのですが、翌朝になれば、自分に「がんばらなくちゃ」と鞭を入れて出勤します。こういう生活を繰り返すのですから、当然心身はぼろぼろになります。

こんな生活を続けていれば、いつかは限界が来ます。そして周りの人も気づき始めます。たとえば、友人や恋人に「過食で苦しんでいる」と告白したり、ある人は、自分の部屋のゴミ箱に吐いたりするから、その臭いで家族が気づくことになります。つまり、本人から「助けて」

のSOSのサインが出たと理解できましょう。

さて、本人の過食に気づいた周りの人たちの多くは、『こんなことしていたら身体を壊してしまうよ。過食を止めなさい』と言って、過食を止めさせようとします。じつに正論なのですが、こうした対応はあまり役に立ちません。なぜならば、過食をしている人の大部分は、過食を止めなくちゃいけないとわかっているのに、止められないからです。そういう人に、「止めなさい」と言うのは、「お前は何てバカなことをやっているのだ」と非難する響きで伝わるので、本人にとってはかなりつらいことでしょう。

過食の人への援助

では、どうしたらよいかというと、支援の基本は、症状の意味に耳を傾けることです。なぜ過食に走るのか。どんな苦しみが背景にあるのか。過食は本人に何か大切なことを伝えたいはずだ。このようなまなざしで、本人が生きてきた事情や思いをていねいに聴き、本人の苦労をいたわり努力をねぎらうことです。

過食を批判する他者ではなく、苦しみを理解しようとする他者の存在が感じられたとき本人は安心し、それまで目をつぶっていた「がんばり過ぎる」生き方を見つめ直します。そして、がんばり過ぎていた自分にやさしくなると、「心身を休める。心を満たす。自分を主張する」

ことを受け入れていきます。過食の経験者は、「自分の苦しみの意味がわかり、自分にやさしくなると、過食が収まっていきました」と話してくれます。それは、症状を否定してたたかうのではなく、症状のメッセージをていねいに受け入れていく流れなのだと思います。

このように考えると、過食になるのは本人には苦しいことですが、過食があったからこそ、自分の課題「他者からの評価を得ようとして限界を超えてがんばる」と取り組むことができるのです。それには大変な勇気と努力が必要であり、聴いて理解してくれる人に支えられて、問題行動を大切なサインとして受け取ることが回復のカギになります。

ちなみに、アニメ映画の《千と千尋の神隠し》[8]に出てくる「カオナシ」は、孤独な気持ちで苦しむ一方で、無理な形で社会適応をしようとする過食・嘔吐の人ではないかと思います。カオナシの行動や癒される過程が、過食の人を理解する参考になります。

このように問題行動は、困ったことであり危険なことも少なくありませんが、助けてほしいというＳＯＳかもしれないというまなざしで対応するとよいと思います。

精神症状の理解と回復
――特に働く人のうつを巡って

うつ状態とは

うつには大きくは三つの症状があります。働く人のうつを考えてみましょう。

気分の落ち込み、不安、身体症状

気分の落ち込みとは、「働くのがつらい、職場に行きたくない」という強い感情です。そもそも出勤時は気が重くなりがちですが、うつになると極端に気持ちが落ち込みます。また、それまでは仕事に自信を持てたのが、「自分はもうこの仕事をやれないのではないか」などという強い不安に襲われます。しかし、うつになる人は、「休めば職場に迷惑をかける」と思い、必死に出勤しようとします。そのとき身体症状が出て、状況の危険性を教えようとします。職場が近づくと動悸がする。職場の駐車場に着いても車から降りられない。このように、からだ（無意識）がサインを出していのちを守ろうとしてくれるのです。

意欲の全面的な低下

うつになると意欲が低下し、仕事の処理能力も効率も落ち、うっかりミスも増えます。「もう仕事はやりたくない」と思っても、気の合った仲間とおしゃべりをしたり趣味に没頭すると気分が落ち着くならば、ストレスを抱えてはいるが、うつとはいいません。

うつになると、すべてのことにやる気が出なくなります。うつの人に「趣味を持て」と言う人がいますが、本人は、「趣味を楽しむ気力が出ない」と言います。これは、過労やストレスで心のエネルギーが低下したためです。ですから、うつの回復とは、心のエネルギーの回復と考えてよいと思います。

不　眠

うつになる人の多くは、職場で夜遅くまで働き帰宅します。遅い夕食をとり、風呂に入り床に就く。しかし気になることが頭に浮かんで寝付けない（入眠困難）、眠りが浅く夜中や夜明けに目が覚めて眠れない（中途覚醒、早朝覚醒）などが生じます。

こんな自分じゃなかったのに

以上の三つがうつの主な症状ですが、総じて、「こんな自分じゃなかったのに……」という状況になります。「自分は自信や意欲があったし、てきぱきと仕事をこなせた。いったい自分はどうなってしまったのか」と戸惑い、情けないと自分を責め、うつを他人の目から隠そうとし、将来への不安と絶望感を抱きます。

うつになることを、個人の弱さや考え方の歪みのためだと考える人もいますし、うつになった事情や思いを考慮する必要はなく、薬を処方すればよいと考える医師もいます。はたしてそうなのでしょうか。

うつを生み出す社会

現代日本で働く人のうつは深刻です。厚生労働省によれば、現在の仕事や職業生活に関して強いストレスを感じている労働者は五四%もいて、[9]また、うつなどの精神障害の労働災害は増え続けています。[10]そして「働く人の百人に一人がうつで休職している」といわれ、自治体職員はそれ以上です。[11]

私は、こうした働く人のうつの増加は、社会の流れがもたらしたと考えています。東西の冷戦が終焉した一九九〇年代以降、世界は、経済のグローバル化に席巻されました。グローバリゼーションは新自由主義とも呼ばれ、さまざまな政治・社会・文化的な規制を撤廃して、あらゆる分野に市場原理と競争を導入すれば、社会は活性化・効率化し、国民の生活は豊かになる、という思想です。[12]

それまで日本企業の多くには、「企業は社員の生活を守る責任がある」という企業文化（企業共同体原理）がありました。しかし新自由主義は、「そんな甘い考えでは競争に負ける」と批判し、労働者を尊重すべき人間ではなく、利潤を生み出す交換可能な道具とみなしました。また成果主義の導入は、仲間であるべき同僚を競争相手に変えました。

そのため、固定費となる正規雇用は減らされ、解雇しやすく低賃金の非正規雇用（契約社員、パート労働、派遣労働、アルバイト）が急増し、雇用者全体の約四割になりました。二〇一八年に長時間労働削減を目的とする働き方改革法ができましたが、人員削減した職場ではいまも夜遅くまで働く人は少なくありません。

そして人を育てることを放棄し即戦力を求める職場が増え、理不尽なパワーハラスメントが横行し、多くの人が傷つきうつになりました。社会的な助け合いなど不必要だとみなす新自由主義を、神野直彦氏は、「社会とは、他者との協力なしには生存できない人間が共同体を営む場である」と批判しました[13]。

いま、多くの働く人や家族、子どもたちが、「存在への不安と心身の疲れ」を抱えており、このままでは人々の健康や生活が壊され、若者から未来への希望を奪うことになると思います。そして、そうしたまなざしから働く人のうつを考えるべきだと思います。

うつは大切なサイン

うつになる人は弱い人か

仕事でうつになる人を「弱い人だ」と否定的に見る経営者がいますが、事実は違います。職場の中核として活躍した人が、過重労働やパワハラで心身ともに疲労困憊してうつになるのです。力がある人がうつになるということは、うつは個人的な弱さの問題ではなく、職場の過酷な状況の問題だということです。限界を超えて働かせて、まいればお払い箱ということは、あってはならないと思います。

また多くの書物が、うつになる人の性格傾向を、「完全主義、人にノーと言えない、悩みを人に相談できない」と指摘していますが、それは個人の責任といえません。なぜならば、そうした傾向を職場から強要されるからです。リストラの不安があれば、深夜まで働く完全主義的な働き方をせざるを得ません。また相談しないのではなく、人員削減で相談できる相手がいないのです。そのような事情を理解せずに、うつになった人は「認知の歪みがある」などと上から目線で論じるのは、間違っていると思います。

「うつにならないようにしよう」の問題点

「うつにならないようにしよう」と強調する人がいますが、それは「うつは、なってはいけない病気である」という認識を職場に広める危険があります。するとうつになった人は、「なってはいけない病気になった」と自分を責めるでしょう。うつの予防は、働く人個人に対してではなく、職場に対しておこなわれるべきです。だから、働く人のうつをなくすスローガンは、「うつにならないようにしよう」ではなく、「仲間をうつにしない職場にしよう」であるべきです。

それならば、うつは個人の責任ではなく、苛酷な職場環境が作り出すという認識を育て、働きやすい職場づくりにつながるでしょう。また、それが事業者の労働環境を改善する責任、つまり安全配慮義務[14]に通じると思います。

うつの種類

現在多くの医師は、「精神障害の診断・統計マニュアル（ＤＳＭ）」を使い、症状がその診断基準に当てはまれば、うつ病と診断するようです[15]。医師ではない私が診断について語るのは問題かもしれませんが、うつになった思いや事情を考慮せずに診断や治療ができるのかと思います。私の経験では、うつは大きく二種類ある気がします。

一つ目は、本当にどすんと重たい感じのうつで、対話による感情交流がむずかしく、うつになった意味を一緒に考えようすることを拒否される感じがします。うつで苦しんでいるのは確かですが、本人がその苦しみを表現するのはとてもむずかしそうで、なぜうつになったかもわからないといいます。二つ目は、反応性といえるうつで、本人はなぜうつになったかを自覚しており、またうつになったことから教訓を学ぼうとする人が少なくありません。一つ目のうつが「内因性うつ」といわれているもので、二つ目が職場や家庭、人間関係の疲れやストレスから生じる「反応性うつ・心因性うつ」ではないかと考えています。

私は、うつは働き過ぎ、がんばり過ぎ、疲れ過ぎを教えてくれる大切なサインだと考えています。それは、自律神経失調症などの身体の症状への理解と同じです。

なお最近「現代型うつ」と呼ばれ、職場が対応に苦慮するうつがあります。がんばり過ぎてうつになった人の多くは、休職中に働き方を振り返り、職場復帰後はどう働いたらよいかを真剣に考えます。しかし現代型うつのタイプの人は、うつの体験から学ぼうとする意欲が乏しく、自分の働き方や人間関係のあり方を内省せず、援助してくれる人に感謝もせず、漫然と休職を繰り返しているように見えます。がんばり過ぎてうつになった人には、「あなたは十分がんばったのだから、これからはもっと自分を大切にしましょう」と呼びかけたくなりますが、現代型うつの人には、「働くことや同僚に対する態度を反省して、社会性と謙虚さを身につける必要があるのでは」と言いたくなります。

現代型うつのタイプの人は、周りから共感されないことが多いのですが、本人が苦しみを抱えていることも事実なので、援助では、本人の思いを聴きながら、職場の規範を守り仲間と協調して働くことの大切さを自覚するように、本人の内省や努力を促すことが大事だと思います。

うつはいのちを守る大切なサイン

私は、カウンセリングや職場研修で次のように話します――「うつは恥ずかしいことやだめなことではありません。現代の厳しい職場状況では、うつや心身症に誰がなってもおかしくない。特別な性格の人の問題ではない。弱いからうつになるわけでもないのです。私たちは生活のためにがんばりますが、疲れやストレスが心身の限界を超えると、からだはその危険な状態を教えてくれます。それが、うつや心身症という症状なのです。そうした症状は、私たちのいのちを過労死や過労自殺から守ろうとする大切なサインです」と。

すると、聴いた人の多くは、ほっとした表情になり、『これまで、うつはだめなことだと思い、自分を責めていました。でもうつは自分を守るための大切なサインと聴いてとても安心しました。自分はだめではなかったのですね』と話す人もいます。

私は、過酷な労働状況のなかでうつになるのは、当然であり、ある意味で健全な反応だと思います。そしてうつになることで、結果的に過労死を免れたと思われるケースはいくつもあります。たとえば、過重な長時間労働で過労死することがありますが、もしその人がうつや自律神経失調症になったら、無理な働き方はできないから、過労死しなかったのではないか、このようなまなざしがいのちを守ると思います。無理をしても症状が出ないことは自慢になりません。「症状はサイン」と理解せずに「職場適応」を求めることは、過酷な職場状況を改善する責任を放棄することだと思います。

一方、「うつがいのちを守るというが、自殺はどうなのか」と言う人もいます。日本では一九九八年以降十四年にわたり毎年自殺者が三万人を超え、二〇二一年は二万一千人ですが[16]、まだ高い水準です。そして自殺者の七割は男性であり、三十～五十代の働き盛りの人が多いという異常さです。働く人の自殺の多くは、過労やストレスでうつになり、将来に絶望して死を選ぶ過労自殺と推測されます。

私たちは、うつが希死念慮をもたらしやすいことに十分配慮する必要があります。しかし問題は、うつをどう見るかです。うつをだめなことと思えば、本人は自分を責め、死にたくなるでしょうが、うつは危険な状態を教えてくれる大切なサインと受け止めれば、苦しくても、何とか踏ん張れると思います。つまり、まなざしの中身が、いのちを守れるかどうかの分かれ道だと思います。

うつの回復について

うつの回復の基本

うつや心身症の回復に必要なことは、症状を大切なサインとして受け止め、これまでの働き方や生き方、人間関係を見直すことです。

そしてそのためには、「智慧と勇気を持つ」ことが大切だと思います。厚生労働省は職場のメンタルヘルス対策の第一に「セルフケア」を挙げ、「労働者自身がストレスに気づき、これに対処するための知識、方法を身につけること」の必要性を述べています。[17] ただ大事なのは、知識ではなく智慧なのです。金子大栄氏は、「知識は積み重ねてゆくことができるが、智慧は磨き出してゆくものである」と述べています。[18] それは、自分が培った知識や技術、価値観のなかから、本当に大切なものを磨き出すことです。

パソコンやスマホが普及し、人間は、インターネットなどのあふれかえる情報や便利さに振り回されるようになりました。主人公としての自分を取り戻すには、人間の尊厳と、自分や家族のいのちを守るための「智慧」を持つ必要があります。膨大な知識のなかから本当に大切なものを吟味していくと、それまで自分を縛っていた価値観や自己イメージ、人生観が変化します。そうした取り組みの大切さを認識せずに、働く人に元のように働くことを求めれば、本人の苦悩と孤立感は増すのではないでしょうか。

精神的サポートの大切さ

うつの回復には、薬の処方や休息が必要なときもありますが、まずは、本人を精神的に支えることが大切です。本人や家族が求めているのは、症状の軽減だけではなく、これまでの事情を理解し、今後の生き方を共に考える精神的なサポートです。「カウンセリングがあってよかった。薬と休息だけでは回復しなかったと思う」と話す回復者もいます。そして専門医からも、薬を処方するだけの治療でよいのかという声も上がっています[19,20]。

うつの回復の基本は、生き方・働き方の見直しにあります。しかし、それまでの価値観・人生観を転換し、職場のなかで自分に合った働き方をするのは容易ではありません。だからこそ、周囲の人の精神的サポートが必要なのです。また、服薬と休息の意味は、症状緩和により本人が落ち着いて今後の生き方を考える環境を整えることです。そしてそれを理解する専門医は、カウンセリング機関と協力して、本人の回復に当たっています。

精神的サポートとは、症状の意味と回復のイメージを理解し、本人を心理的に支えることです。それには、専門的なカウンセラーや精神科医だけでなく、身近な家族、友人、職場の上司や同僚などが関わる必要があります。そのことを理解しないと、うつになった人を専門医に預けたから関わらなくてよいと考えてしまいます。ですから、働く人のうつの回復には、「精神的サポートが不可欠であり、必要に応じての医療の援助と休息が支えになる」と考えるとよいと思います。ひとりの人間の回復に、さまざまな人が親身になって関わることは、本人にとっては、他者との安心の関係を再構築することであり、一方、援助する者にとっては、人間が回復し安心して生きるプロセスを学ぶことだと思います。

働く人のうつの回復のポイント

うつになり休職した働く人が、回復して職場復帰するためのポイントを述べてみます。

【休職中の生活】 休職中の人は、職場を離れてほっとする反面、職場から見捨てられることへの不安を抱えています。ですから職場は、圧力にならない頻度と方法で、①うつになった本人の苦労をねぎらい、②ゆっくり休むことを保証し、③回復と復帰を願っていることを、本人や家族に伝えることがよいと思います。個人差はありますが、休職の目安は最低三ヵ月と考えるとよいでしょう。そのくらい心身のエネルギーの回復には時間がかかります。本人も職場も回復を焦らないことです。

【職場復帰のタイミングと本人の心境】　きちんと朝起きられるようになり、「休んでいてもこれ以上よくなりそうもないし、そろそろ復帰をしないと」と思うようになると、職場復帰を考えるタイミングです。主治医も本人の気持ちと心身の状況を確認した上で、復帰可の診断書を書くことになります。復帰時期が決まると、本人は「仕事をちゃんとできるか。またうつになったらどうしよう」という不安が強くなり、周りも心配することがあります。しかしこれは、苦しかった職場に戻るための当然な反応といえます。ですから、周りの人は、「ドキドキしながらでよいから職場復帰をめざそう」と励まし支えてほしいと思います。

【職場復帰に際して】　初めから定時勤務をするのは無理で、勤務時間を徐々に増やす段階的復帰が安全な復帰の基本です。最初の二週間は午前中勤務、次の二週間は一五時まで、それができたら定時勤務にするというペースが安全です。復帰する人の多くは、「職場は自分をどう迎えてくれるか」と心配します。上司や同僚は、腫れ物に触るような態度ではなく、温かく声をかけて復帰をウェルカムし、本人の苦労をねぎらいいたわってほしいと思います。復帰しても思うようにならないことが多いので、上司、産業医、カウンセラーが定期的に面接して本人の安心と自信を育てることが大事です。

【調子を取り戻すには一年が必要】　職場復帰した人が心身の健康と自信を取り戻すには、約一年必要です。復職後二〜三ヵ月すると、本人は「休んで周りに迷惑をかけた分、早く挽回しなければ」と考え、仕事を増やしアクセルを吹かすことがあります。しかし、実際には心身がついていかず、うつの再発リスクが高まります。回復を焦らせないことが肝心です。「ていねいに・ゆっくりと」が確実な回復へのスローガンとなります。

カウンセリングで体験する世界の広がりと深まり

私は、うつで苦しむ働く人のカウンセリングにおいて、まず本人がこれまで生きてきた流れや職場の人間関係などを、ていねいに聴かせてもらいます。そうすると、「そういう状況ならばうつになるのも当然だ」と感じ、『大変でしたね。よくがんばってきましたね』と本人をねぎらいます。そして、『うつというサインが出たことを大切にして、これからどうしたら安心して働けるか、生きていけるかを一緒に考えていきましょう』と話します。このように他者に、自分の思いと生きてきた流れを否定されずに、じっくりと聴いてもらい、いたわってもらうことは、効率と成果を厳しく要求される職場ではあまり体験しないことであり、多くの人は安心を感じます。

つまり、症状を大切なサインと受けとめるまなざしと、真剣に聴いて理解してもらう体験をとおして、本人には、「自分はだめではないかもしれない」というささやかな安心感が生まれます。それは本人の表情が和らぐことで感じられます。その安心感あるいは自分への肯定感が、これからのことを考え歩むための大事なエネルギーになります。

人は、精神的なサポートを受けてたくましくなります。困難な状況が消えなくても、表情が柔らかくなり笑いも出てきます。それは、自分を縛っていた価値観や人生観が壊れ、新しい生き方をする腹構えができたからでしょう。思うようにならない自分の人生を、腹を据えて引き受けて安心することを、仏教では「受生の解脱」といいます。その安心は、生きる悲しさに共感し自分をわかろうとする人の存在に支えられるのです。

そしてカウンセラー（聴き手）の存在意味、あるいは精神的サポートの内実は、ひたすら「本人をわかろうとする存在」であり続けることではないでしょうか。私たちは、本当に苦しいときは、正論的なアドバイスや無理な励ましをする人ではなく、自分の話を真剣に聴き理解してくれる人を求めます。そして人は、わかろうとする人の存在に支えられて、苦しい状況のなかでも少しでも安心して自分の道を歩んでいけるのだと思うのです。

うつから学ぶ職場へ

働く人を支えるまなざしは、生きる苦しみや悩みを否定せずに大切なものとして扱うことです。そして、うつを経験し、生きることを見つめ深めることの大切さを知った人が職場にいることは、職場にとって大きな財産となると思います。

また職場には、安全配慮義務からしても、働く人の苦しみから真摯に学び、安心して働ける職場を構築することが求められます。うつになって休む人が出たら、何が本人を追い詰めたのか、どうすればうつで苦しむ人を出さずにすむのか、ということを、本気になって職場が考え、人事配置や業務内容も含め職場環境の整備・改善をすべきだと思います。そうすれば、うつになった人の苦しみの体験は無駄にならないはずです。また、安心して働けるためのメンタルヘルス研修を職場で実施することも大切な取組みとなりましょう。

いずれにしても、現代の厳しい産業状況のなかで、働く人のメンタルヘルスを考えるときの「まなざし」の中身が問われているのです。

第四章

トラウマからの回復

人生では、さまざまなつらいできごとに出会い、それによって苦しみ、悲しみ、不安、怒り、緊張などが生じますが、それらの多くは、自分を守るための正常な反応と考えられます。しかし受けた衝撃の程度によっては、その体験がトラウマ（心の傷）となり、深刻なときはＰＴＳＤ（心的外傷後ストレス障害）という後遺症が生じて長期的に苦しむことになります。私は心の悩みの多くはＰＴＳＤによると考えています。そうだとすれば、トラウマ体験やＰＴＳＤの中身を理解し、そこからの回復を学ぶことが、当事者だけでなく援助者にも力となり、対人援助のまなざしを育てると思います。この章では、話を真摯に聴く姿勢がトラウマからの回復に大きな力になることを中心に述べたいと思います。

トラウマ（心の傷）とは

トラウマは日常生活で生じる

トラウマ体験とは、そのできごとが当事者や関係者に、恐怖、不安、悲しみ、怒り、絶望、混乱、罪悪感など、心が傷つくような強い否定的な感情を生じさせるものです。そしてその感情は、そのできごとが終わりしばらくしてから生じることもあります。

トラウマ（心の傷）と感じるかどうかは個人差がありますが、次のようなものが強いトラウマとなると考えられています。津波や地震、洪水などの過酷な自然災害に会う。福島第一原発など重大な事故に会い生活が破壊される。残酷な戦争やテロに巻き込まれる。暴力や脅迫などの悪質な犯罪の被害に会う。性暴力を受ける。ＤＶ（夫婦間暴力）や児童虐待を受ける。家族を自殺や過労死で失う。連帯保証人になり家庭が崩壊する、など。

トラウマは過酷なものに限らず、身近な日常生活でも生じます。自分や家族ががんや難病、重い精神疾患になる。過酷な労働やパワハラやセクハラでうつになり、休職や退職に追い込まれる。コロナ禍で感染や失業をする。子どもが不登校や引きこもりになる。架空請求などの詐欺に会う。交通事故や労働災害に会う。不倫などで信じていた人に裏切られる。誰の援助も得られず老親の介護で疲れ切る、など。

またトラウマは、被害者だけに生じるのではなく、他者を傷つけ被害を与えた加害者が罪悪感や自責の念に苦しみトラウマになることもあります。思ってもみない交通事故を起こしてしまった。家庭を顧みずに家族につらい思いをさせた。自分の不注意で他人に迷惑をかけた。自分の心ない言葉で相手を傷つけてしまった、など。

そして直接的な被害者・加害者だけでなく、そのできごとの関係者や目撃者が、「被害者を助けてやれなかった。自分だけが生き残った」という無力感や罪悪感で苦しみトラウマになることもあります。学校や職場でのいじめを見ていて止められなかった人、大勢の人が亡くなった鉄道事故の生存者などに生じます。

トラウマの程度

トラウマには、時間がある程度過ぎると消えるものもあります。たとえば大切な人を失くしたときは、さまざまな悲哀反応が生じますが、これらは当然の反応であり、時間の経過とともに徐々にやわらいでいきます。仏教で喪に服する四十九日も、悲しみを受け入れるために必要な時間なのでしょう。しかし時間がたってもトラウマが消えず、長期間にわたり苦しむこともあり、それはPTSD（心的外傷後ストレス障害）と呼ばれます。

ここからは、トラウマ研究の第一人者といわれるJ・ハーマンの『心的外傷と回復』[1]を参考にして述べていきたいと思います。私は彼女が精神科医としてトラウマで苦しむ人に注ぐ真摯で温かなまなざしに心から敬意を感じており、ぜひ多くの人にその内実をお伝えしたいと思っています。

なおハーマンは、過酷なトラウマを経験し、その後も懸命に生きている人を、犠牲者や被害者ではなく、生存者（サバイバー）と呼びます。それは、彼らを弱くかわいそうな人と見るのではなく、「過酷な状況のなかをよく生きてきましたね」と、つらさのなかで懸命に生きている彼らに敬意を払うからです。そして私もそうしたまなざしで援助に携わりたいと思っており、この本でも生存者というコトバを使います。

トラウマ体験の核心とは

ハーマンは、トラウマ体験の核心を、「無力化」と「他者からの離断」と述べています。「無力化」とは、加害者や災害から自分を守ることも、ひどい事態を変えることもできなかったという無力感を抱くことであり、それは、自分は何もできないという自己不信をもたらします。またその無力感は、当事者でない関係者や目撃者も抱くことがあり、加害行為を悔いる加害者にも生じます。「他者からの離断」とは孤立無援の状態になることです。苦しむ自分を誰も助けてくれない、一人ぼっちだ、というつらい感覚です。そしてそれは、他人は頼りにならず信頼もできないという他者不信をもたらします。

つまりトラウマ体験は、生きる安心の基盤となる基本的信頼（自分はこの社会で生きる価値があり、他者も信頼できる）を壊し、自分と他者への不信感を作ります。ですからトラウマの回復は、その「無力化」と「孤立無援感」をどう癒していくかということになります。

ＰＴＳＤの主要症状と種類

過去のことでいまも苦しんでいる人に、『いつまで過ぎたことを悩んでいるの。過去のことは忘れて、これからのことを考えなさい』と言う人がいます。励ますつもりなのでしょうが、そういう人は、過去のできごとでも、それのトラウマが深く心に刻まれ、消せずにいまも苦しんでいることを理解できていないのです。逆にいうと、つらいできごとでも、忘れることができる程度なら、深いトラウマとはいわないということです。

そしてトラウマの程度は他人が勝手に判断することはできません。たとえば、春に桜が咲けば、多くの人は美しいと感じ心もはずむでしょう。しかし子どもが不登校になり四月の新学期にも登校できなかった体験をした親は、桜の花を見ると、そのときのつらい状況が思い出されて悲しくなります。つまり桜の花はつらい思い出として親の心に刻まれているのです。やはり人の心は、聴いてみないとわからないということを理解する必要があります。

さて、ＰＴＳＤの主要な症状についてハーマンは、過覚醒、侵入、狭窄の三つをあげています。

過覚醒

トラウマを体験した人は、同じ危険がまた生じることを過度に警戒し、緊張し身構えます。些細なことで驚き、安心して眠れず悪夢も頻繁に見ます。不安で落ち着かず、身体も自律神経失調症の症状（吐き気、胃痛、下痢、頭痛など）を生じます。

たとえば、パワハラで傷ついた人は、また攻撃されるのではと身構え、職場に行こうとすると動悸や吐き気、下痢が生じます。そしてパワハラの口実を与えないために、仕事のミスがないか、何度も確認（確認強迫）します。いつも職場のことが頭から離れないので休みの日もリラックスできず、趣味や気分転換をする気も起きません。あるいは不登校だった子どもが学校に復帰しても、親は、子どもが何かのきっかけでまた学校に行かなくなることを心配し、安心できずいつも緊張しています。

いつも身構えている過覚醒という事態は、かなりきついものです。

侵入

つらいできごとが過ぎて時間が経っても、トラウマは生存者の心にくり返し侵入します。フラッシュバックという方がわかりやすいかもしれません。トラウマ体験と直接関係ない些細なことでも、当時の苦しい場面が心に現れます。

たとえば、親から日常的に暴言を受けていた人は、大人になっても大きな声や音を聞くと、過去の怖い場面がフラッシュバックして身がすくみます。あるいは、夫が不倫して裏切られた妻は、夫が謝っても安心できず、残業で遅くなると聞くと、また不倫するかと夫を疑います。それが理解できない夫は、「ちゃんと謝ったのに、いつまで根に持っているんだ」と怒り出し、周りの人は「もういい加減に許してあげなさい」と言い、それらは妻の心を一層傷つけるのです。

フラッシュバックは、トラウマでいまも苦しんでいることを表し、くり返しやってくる悪夢で安心して眠れず、感情は常に不安定になります。

また恐ろしいトラウマ体験ほど、本人はきちんと言葉で順序立てて説明することができないことが多く、ハーマンは、「外傷性記憶は言語による『語り』も『前後関係』もない。それは生々しい感覚とイメージとの形で刻みつけられている」と述べています。ですから、トラウマ体験をきちんと自分の体験として語れるようになると、だいぶ回復しているともいえます。体験を語ることを支えるのは、回復への大事な条件です。

狭窄

狭窄とは、トラウマを受けた人がその前に比べて、記憶も感覚も行動も狭くなってしまうことです。ハーマンは、苦しさから逃げられず抵抗もできない状況に陥ると、一種の降伏状態となり、意識の状態を変化させて生き延びようとすると述べています。それは、解離あるいは感覚のマヒ、離人症、心因性健忘、解離性人格障害（多重人格）などの症状に現れます。

解離あるいは感覚のマヒ

「感覚のマヒ」とは、痛みが消えないとき、耐えるために痛みを感じなくさせる無意識の働きです。

たとえば、ＤＶ（夫婦間暴力）を受けている妻が、周りが心配しても、『わたしは大丈夫です』

とか『ひどいことはされていません』と言うことがあります。それは、正直に話して夫が怒ることを恐れているためかもしれませんが、もしかすると、つらい状況で自分が壊れてしまうことを避けるために、感覚をマヒさせ、つらさを感じなくさせているのかもしれません。

そして、自然には感覚のマヒが得られないと、アルコールや薬物を使って意識的に感覚のマヒ状態を作りつらさから逃れようとする人がいます。しかし酒や薬で一時的につらさを忘れても、トラウマから回復することはなく、続けていると身体が酒や薬に依存するようになり、その中毒症状で生活や健康が壊されてしまいます。

遁 走

「遁走」とは、つらさに耐えかねて、自分では意識しないのにどこかに行ってしまい、行った先で自分は何でこんな所にいるのか説明がつかないような状態になることです。これも同じような外傷性解離（感覚のマヒ）と考えてよいでしょう。いずれにしてもつらすぎることから逃げることで、自分を守ろうとする働きと考えてよいでしょう。

離人症

「離人症」も、感覚を鮮明にしているとつらさをまともに感じてしまうので、ぼーっとしたような意識状態、あるいは現実がピンと来ないような感覚になることです。周りは徐々に何か変だと気づいてきます。現実感の喪失ともいいます。

心因性健忘

「心因性健忘」とは、思い出すとつらい記憶を意識から排除する働きです。脳の記憶機能がおかしいわけではなく、無意識の自己防衛と考えられます。たとえば、大人になった人が、自分が不登校だったときの小学校の記憶がまったくないというのは、そんなに珍しくはありません。思い出せなくすることで自分を守っているといえましょう。ただそうした失われた記憶も、自分が安心し過去の自分を受け入れると、回復することが多いです。

解離性同一性障害（多重人格）

第一章で述べましたが、私たちの心のなかにはいくつもの自分がいます。たとえば、上司からパワハラを受けて脅えている自分、上司に怒りを感じ職場に告発したい自分、それに躊躇している自分、などです。ただ私たちは、それぞれの自分の存在を意識していますし、それらのバランスを考えながら生活しています。

それに対して「解離性同一性障害（多重人格）」は、自分のなかにいくつもの人格がいることを意識できず、バランスも取りようがなく、結果的には生活に支障が出る状態です。これは、性的虐待など過酷なトラウマ体験をした子どもが、それを受け止めると自分が壊れてしまうので、そのつらい記憶や感情を特定の人格に押し込めて、普段は別の人格で生きることで、平静を得ようとする無意識の働きといわれています。

ただ、違う人格が突然交代して現れるので、困難や混乱を引き起こします。私は、多重人格の人に体験を聴いたとき、「多重人格にならざるを得ないほどつらかったのか」と、何ともやりきれない思いがしました。

回避

トラウマは、同じようなトラウマを再び体験する恐れのある所や行動計画を避ける「回避」的な傾向を生み、思うように生きることを妨げます。

これらの狭窄症状は大変つらいことであり、社会生活上の困難を引き起こしますが、本人の立場に立てば、どうしようもない危険から自分を守るための防衛と考えられます。それを理解すれば、おかしなこととか異常な症状だと思わずに、必死になって自分を崩壊から守ろうとする本人への共感と理解が得られると思います。

PTSDの種類

PTSDには、自然災害、事故、突然の犯罪のように一回あるいは短い期間に生じたできごとによる「単純性あるいは限局性PTSD」があります。ハーマンは、それに加えて、長期間に繰り返される児童虐待やDV、政治的な拘束、戦争などによる「複雑性あるいは長期反復性PTSD」があり、その症状の深刻さ、複雑さを理解しなければいけないと述べています。つまりトラウマは、自然治癒して病気の名に値しない「短期ストレス反応」から、「限局性PTSD」を経て、「長期反復性PTSD」までの幅の広さがあります。

ハーマンは、PTSDは、「さまざまな病的状態により成るひとつのスペクトラムとして理解するのがもっともよい」と述べています。ＰＴＳＤにはいくつかの種類がありますが、それらは明確に区別されるものではなく、軽度なものから深刻なものまでのスペクトラム、つまり程度が連続的に変化する総体として理解すべきだというのです。

私にはこれはとてもうなずけます。自閉症や発達障害も、いまはＡＳＤ（自閉スペクトラム症）として、発達の偏りの程度の連続体として認識されます。私たち自身が、何らかの偏り（個性）を有しており、明確な正常や異常はないと理解することが大事だと思いますし、トラウマも同じで、スペクトラムとしてトラウマの程度を知ることで、回復の程度もわかると思います。

トラウマからの回復

トラウマからの回復について、ハーマンは、トラウマ体験の中核である「無力化」と「他者からの離断」の逆をめざすこと、つまり回復の基礎は、その後を生きる人に「有力化」をおこない、「他者との新しい結びつき」を創ることにあるといいます。

「有力化」とは、生存者のなかに、人生の主人公として生きるパワーを取り戻すことです。エンパワーメントといった方がイメージしやすいかもしれません。また「他者との新しい結びつき」とは、つらすぎる孤立無援状態から抜け出して、安心できる人間関係を再構築することです。とはいえ、傷ついた心の回復は容易ではなく、生存者を尊重した温かく根気強い援助が求められます。

ハーマンは、トラウマからの回復には三段階あり、それぞれの中心課題は、第一段階は「安全の確立」、第二段階は「想起と服喪追悼」、第三段階は「通常生活との再結合」であると述べています。これらの意味を、相談の事例を見ながら考えてみましょう。

安全の確立

身の安全と最低限の生活の確保

回復の第一段階が安全の確立というのは、とても意味深いものです。本人が虐待や災害や犯罪の真っ只なかにいたのでは、身を守ることで精一杯で、ゆっくりと心の回復を考えることなどできるはずがありません。まずは身の安全を確保して、最低限の生活ができるようにすることが第一段階となるでしょう。

二〇一一年の東日本大震災の支援に携わった臨床心理士に聞くと、被災地に入りまずやったことは、被災者と一緒に被害の後片づけや食料配給をすることであり、被災者の心や生活がある程度落ち着いてくると、お茶の時間などに少しずつつらさや悲しさを話してくれるのだそうです。最低限の安全な状況が得られないなかでは、カウンセリングなどはありえず、当面必要とされることを共にすることで信頼関係ができ、はじめて心の内を話してくれるのです。

同じように、DVや児童虐待の被害者には、安全な避難場所が必要であり、過酷な労働やパワハラで心身が疲弊した人には休職して苦しい職場から離れてもらう必要があります。まったく眠れない人には睡眠薬の処方が、失業した人には就職支援や生活保護が必要とされるでしょう。

心の安全感

ただそうしたことをするにも、最低限の「心の安全」を感じてもらうことが不可欠だと思います。他者への不信感があれば、いかなる援助の申し出にも応じないでしょう。その最低限の心の安全感とは、他人は信用できないと思っていたが、自分を理解し援助する人がいてくれたと感じることです。これは、失っていた他者への信頼の芽生えであり、孤立無援の感覚が和らぎ、他者への身構えがゆるむことです。その最低限の他者への信頼がなければ、援助をいくら呼びかけても、それに応じることはないでしょう。

その「心の安全」は、相手の話を一生懸命に聴くことなしには得られないでしょう。「聴いて理解する」ことを、いかに真剣に誠実に行うかにかかっています。そしてそれは、医師やカウンセラーなどの専門家だけでなく、その人を気づかう家族や友人や同僚など身近な人こそできることです。真剣に聴くという行為は、温かく誠実な響きとして本人に伝わります。

トラウマ体験をして人間不信になった人は、自分を本当に助けてくれる人を求める反面、他者を信用して大丈夫かという身構えも有しています。ですから、トラウマからの回復を支援しようとする人は、生存者の安全チェックに合格しなければならないのです。そして私たちが根気強く本人の思いや事情を聴いて理解する努力を続けると、一度壊れた安全感が本人のなかで少しずつ回復し、心の扉を開いてくれます。

ですから安全の確立という意味では、その後を生きる人に、安心して思いを話しても大丈夫そうだと感じてもらうことが、第一歩です。それなしに、さまざまなアドバイスや励ましをしても、本人には、上から目線で正論を言う人としか映らないと思います。

【事例】過重労働で心身ともに疲弊してうつ的になった労働者①

彼らの多くは、それまで困難な業務を懸命にこなしてきた人であり、動けなくなった自分に驚き、それを恥ずかしいことだと感じています。また彼らの上司には、よく話も聴かずに「うつなら早く医者に行って治せ」と言う人がいて、それが「メンタルな人」という否定的な烙印（スティグマ）につながるので、本人は簡単には医療機関を受診しません。

そのような人と私がカウンセリングでお会いすると、私はまず、これまでどんな状況をどんな思いで働いてきたかをよく聴きます。私が真剣に聴こうとしていることが感じられると、彼らはつらかったこと、悔しかったことを少しずつ話してくれます。すると彼らの事情がわかってきますので、『大変でしたね。そういうなかでよく働いてきましたね』と、彼らの苦労と努力をねぎらいます。また、『そういう過酷な労働をし続ければ、誰だってうつになりますし、うつは弱いことではなく、自分を守るための症状だと思います』と説明すると、彼らはほっとして、『うつになることは、恥ずかしいことではないのですね』と確認してきます。

こうして彼らが基本的な安全感を持った後に、私が『不眠や不安が強ければ、産業医に相談してみませんか』『上司に事情を話し、しばらくは残業をしないようにしましょう』『休業して身体と心を休めることが大事だと思います』などと提案をすると、多くの人はうなずいてくれます。つまり他者への安全感がなければ、回復が始まらないのです。

想起と服喪追悼

真摯な聴き手の存在

回復の第二段階は、「想起と服喪追悼」です。「想起」とは思い出すことであり、「服喪追悼」とは、つらい体験を安心して嘆き悲しむことです。つまり、トラウマ体験の事情や思いを安心して語り、傷つきながらも生きてきた自分をいたわり受け入れることです。

トラウマ体験を語ることがなぜ回復につながるのでしょうか。それは、トラウマを語ることはつらいでしょうが、「あんなにつらい体験をしても私は生きてきたのだ」と、自分を受け入れる作業だからです。生存者の多くは、さまざまな理由でつらい体験を思い出したくない、あるいは語ってはいけないと思っています。しかし、本当に理解してくれる人には話したいのです。ですから、生存者が真実を語るには、真摯な聴き手が必要なのです。

ハーマンは、「回復は人間関係の網の目を背景にしてはじめて起こり、孤立状態においては起こらない。生存者は心的外傷体験によって損なわれ歪められた心的能力を他の人々との関係が新しく蘇るなかで創り直すものである」と述べています。人間関係で傷ついた心は、新しい温かな人間関係をとおして回復する、孤独の状態では回復しないということです。

生存者は、それを望みつつも、他者への不信感を持っているので、語る作業はむずかしいものになります。他者への不信感は容易には消えず、生存者は援助者に対して何度も「安全」を確認しようとしますが、それは健全な行為でもあります。安全を確かめずに自分を出すことは危険も伴うので、慎重な自己開示が大事です。聴き手はそのことを理解し、生存者が体験を語ることを急かさず、かつ励ましつつ寄り添う必要があります。

トラウマ体験を安心して何度も語る

ハーマンは、「感情抜きで事実だけを唱えさせることは実りのないわざである」と述べています。たとえば、『〇年前に〇〇のような体験をした』と生存者が述べたとき、聴き手は『そのときあなたはどのように感じましたか』と、生存者の感情をていねいに聴く必要があるということです。事実だけを述べても、本人にとってどんな体験だったのかを表現しなければ、トラウマの真実が封印されてしまいます。また聴き手が話を聴いて、『それは腹が立ちましたね』などと先回りして解釈することは、生存者が主人公であることを軽視することにつながります。勇気を出して語った自分の話を真剣に温かく聴いてもらえると、本人はほっとして安心します。逆に、聴き手が自分の価値基準で解釈して、『それはあなたの考えすぎではないか』などと、語りの内容を一方的に否定することは、本人を非常に傷つけます。

大切なことは、そのできごとを体験したときの感情を、本人が勇気をもって思い出し、自分のコトバで語ることを支えることです。それは生存者が、トラウマを抱えていても、人生の主人公として生きようとすることを確認する作業です。

つまりトラウマからの回復には、「トラウマ体験を安心して何度も語ることを保証する」ことが基本的な条件となります。ここで「何度も」と強調する理由は、深いトラウマは、一回や二回語っても楽にならず、何度も同じ話をする必要があるのです。ではいつまでも同じ話をし続けるかというと、そうではなく、聴き手が辛抱強くかつ共感して話を聴き続けると、生存者の心は「よく聴いてもらえた」という感じになり、それは「よく生きてきたな」という自分への共感につながり、次の段階に進みます。

トラウマ体験の意味の変化

私は、深刻なトラウマは消えることはないが、「かさぶた」になればよいと思います。身体の傷も、かさぶたにならないと少し触っただけでも痛みが走ります。それが、トラウマでは、過覚醒やフラッシュバックに苦しんでいる状態に相当します。

しかし、トラウマ体験を何度も語り他者に受け止めてもらうことで、トラウマの物語は、以前のように自分を支配し苦しめ振り回すものではなく、記憶に残る過去のできごとのひとつにすぎなくなり、自分を侵害する勢力を弱めていきます。すると、何かのきっかけでトラウマ体験を思い出しても、以前のようにフラッシュバックでパニックにならずに、「あの頃はつらかったな」と静かに味わえるようになります。それがかさぶたになったイメージです。そうなれば、トラウマ体験はただのいやな思い出ではなく、大切なことを学んだ体験として意味を変えていきます。それだけの変化を、トラウマ体験を安心して語ることはもたらします。

【事例】過重労働で心身ともに疲弊してうつ的になった労働者②

残業を拒否したり休職に入ることで、一定の心身の安全を確保した労働者には、面接を継続して、これまでの働き方や職場の人間関係、生き方、価値観などをていねいに振り返ってもらいます。つらかったできごととそのときの思いを何度も語ることで、彼らはこれまでの働き方や受けたパワハラなどが、じつは理不尽であったことに気づいていきます。そして、うつになった自分に対しても、ダメではなく、よくがんばってきたと受容するようになり、それは彼らの安心を育てます。そして、職場復帰するにしても、新しい仕事に移るにしても、これまでとは違う自分にならなければ安心した人生を送れないと考えるようになります。

彼らは語ることで、まなざしが変わり、過酷な状況のなかで見失っていた家族との絆の大切さや、自分の好きな世界を再発見します。こうした安心して自分を語るというプロセスを考慮せずに、服薬だけでうつからの回復を図ろうとしたら、おそらく失敗すると思います。それは、うつからの回復には、本人が主人公としての自覚を取り戻し、働き方や生き方を変えていく必要があるのに、薬と休養だけでは、そのようなことはできないからです。よく「人薬」といいますが、人は思いを聴いてくれる人に支えられて回復していくのです。

通常生活との再結合

最後の段階は、「通常生活との再結合」です。トラウマ体験を何度も話し聴いてもらうことで、かなり気持ちは楽になります。しかし他者への不信感や身構えが消えたわけではないので、他者と安定した関係を結び社会で活動することには、さまざまな困難があります。少なくても以前の自分の生き方のままでは、これから安心して暮らせないので、新しい自分として再出発する必要があり、それは少なくない勇気と努力を要するのです。

たたかうことを学ぶ

再出発のための基本は「たたかうことを学ぶ」ことだとハーマンは主張します。このコトバに、私をとても勇気づけられました。自分を害するものとたたかえなかった無力な自分から、理不尽なものとたたかうことができる自分への変身です。それが有力化、エンパワーメントであり、対等な人間関係の構築の基礎となるのです。

M・ヴァレンティスとA・ディヴェインは『女性・怒りが開く未来』[2]で、正当な怒りをきちんと表現することで、安心して生きる力が育つと主張しました。社会生活では怒りを感じてもそれを出さず波風を立てない方がよい（特に女性は）という風潮があります。しかし現実には、強い者が弱い者を権力や暴力で虐げ支配することが、社会、職場、家庭に存在しています。専制政治による不正行為や民衆への弾圧、残酷な侵略戦争、理不尽な差別、職場でのパワハラ、家庭での児童虐待やＤＶ、などです。そうした理不尽で、残酷で、不公平なことに怒りを感じるのは、正当なことです。怒りのすべてを認めるわけではありませんが、怒りの感情は、自分や大切な人を守り、不正とたたかう正当性を持ちます。

そしてそれは、異議申し立てという自己主張をすることから始まります。もし私たちが理不尽な仕打ちをされて怒りを感じても、異議申し立てをせずに我慢しているとどうなるでしょうか。怒りの感情は、我慢しても消えることはなく（消えるくらいなら大した怒りではないのでしょう）、やかんの中の湯気のようにはけ口を求めています。そのため、ある人は我慢が限界にきて、相手をどなりつけたり暴力に訴えて怒りを爆発させるかもしれません。しかしそれは、お互いが傷つき、自分の立場を悪くすることが多いです。

また、強い怒りをずっと心のなかにため込んだ人は、怒りを自分に向けてうつになったり自殺する危険もあります。ある人は、怒りを加害者ではなく身近な弱い人にぶつける（八つ当たり）

かもしれません。外では「非常にいい人」と評判の人が、無理にいい人を演じるストレスが怒りになり、家庭内で暴力的な専制君主になってうっぷんを晴らすことは珍しくありません。

これらを見ると、怒りを表現せずにため込む、あるいは我慢する対処はよくないとわかります。とはいえ、怒鳴るなどの破壊的・爆発的な怒りもよいことはありません。ですから、破壊的暴力的にならない形で、怒りを表現し自己主張、自己表現することが、安心して生きるために大切になります。

理不尽なことをされたときは、『わたしはあなたのやり方に納得できません』『わたしはあなたの言動で傷ついてきました。もうやめてください』と、きちんと怒りを表現し伝えることが自分を守るために必要です。しかしそれは容易なことではなく、相手からの逆襲も考えられます。では何もしないで済むかというと、前述したとおり、それでは自分の身が持たないのです。勇気をもって自己主張をし、無力な自分から、生きる安心を得るためにたたかう自分に変化することが求められます。

互いを尊重する人間関係

自己主張、自己表現を認め合う関係を他者と築く努力をとおして、お互いを尊重する公平な人間関係が少しずつできます。孤立無援の状況では他者を信頼できず、人を敵か味方かと極端な区別をしがちです。しかし自己表現の努力をしていくと、お互いを気遣う「ほどほど」の関係ができ、自分が安心できる他者との距離感ができてきます。地域社会でも職場でも学校でも、「ほどほど」の人間関係ができると、生きづらさはだいぶ少なくなるでしょう。そして、自分のめざしたい人生を考えることができるでしょう。

そのような他者との関係を再構築する過程でも、やはり本人に寄り添い話を聴いてくれる人の存在が必要です。一人ぼっちでは無理なのです。徐々に他者への信頼感を取り戻し孤立無援感が癒されると、他者の援助に心から感謝できる謙虚な自分が生まれてきます。ここまでくれば、トラウマからの回復は、かなりゴールに近づいたといえます。

【事例】過重労働で心身ともに疲弊してうつ的になった労働者③

聴いてくれる人に支えられて生きるエネルギーを回復してくると、労働者は、職場復帰あるいは新しい分野への転身を具体的に考え始めます。つまり、生きるためにもう一度社会や他者との結合を考えられるようになるのです。そのためには「たたかうことを学ぶ」ことが非常に力になります。それは自分を守るための自己主張をするということです。

これまで、過重な残業や業務を指示されても「無理です」と言えずに引き受け、結果として自分の健康や生活を壊してきた人が、たたかうことを学ぶことで変化します。自分のいのちと家族の生活を守るために、『いまのわたしには残業はできません。もし無理にやったらまたうつになって休職になるでしょう。そうなったら、わたしの生活は壊れ、職場にも迷惑をかけます。しかし、残業はやりませんが、定時勤務内で精一杯がんばりますから、理解してください』と、勇気をもって言えるようになるのです。

実際に、休まずに定時勤務でしっかり働いてくれたら、本人も会社もよいに決まっています。そしてそれを実行した人は、「なぜ以前はこういう自己主張ができなかったのかな」と思い、いまの自分を誇らしく思うのです。また無理な仕事をしなくなったために、日常的なイライラも生じなくなり、部下にもやさしくなり、きちんと休日をとることで家族とも楽しい時間を過ごせるようになります。

上司のパワハラに苦しめられていた人は、そのパワハラの理不尽さを，勇気をもって職場に告発します。上司からの逆襲も覚悟した上での行動です。文字とおり「たたかうことを学んだ」のであり、もはや、やられっぱなしの自分ではなくなったのです。そして安心して働ける職場とは何かという思いを大事にしながら、新しい思いで職場や上司、同僚との関係を再構築していくのです。

三つの段階の相互関係

ハーマンは、「安全の確立」「想起と服喪追悼」「通常生活との再結合」という三つの段階は、直線的に生じるのではなく、それぞれが行きつ戻りつ流れていくものであり、いわば弁証法的な発展を遂げると述べています。弁証法的発展とは、ある課題が達成されると新しい課題が現れ、螺旋階段を上るように、一見、繰り返しのようでも、確実に上に登っていくイメージです。

たとえば、過重労働でうつになり休職になったときは、自分はいったいどうなってしまうのかという不安を持ちますが、回復するにつれてその不安は軽くなります。しかし職場復帰が決まると「ちゃんと仕事ができるのか」という不安に襲われ、「よくなったと思ったのに、また前の不安の状態に戻ってしまった」と嘆く人がいます。そんなとき私は、「同じ不安でも、復帰が具体化しての不安は回復したからこその不安であり、前の不安とはレベルが違います。回復してきた自分をほめてあげて、ドキドキでよいから職場復帰をめざしましょう」と背中を押してあげます。

休職したころのどうしようもない不安と、ある程度他者との人間関係が築けてきた段階での不安とでは、中身も程度も違うということです。そうした弁証法的な発展のイメージで回復を考えていけば、生きる上でさまざまな困難に出会っても、回復を、自分を育てていく流れとして理解し、自分を支えていけると思うのです。

聴き手の重要性

トラウマからの回復には、トラウマ体験を安心して何度も話すことを保証する必要があると述べましたが、安心して話すためには何が必要かを再度考えてみましょう。

人は、あるできごとについて、ある聴き手には「なかった」と話し、別の聴き手には「あった」と話す。またある聴き手には「そのできごとはあったが平気だった」と話し、別の聴き手には「そのできごとで深く傷ついた」と話す。あるいは同じ聴き手に、はじめは「そのできごとからはもう回復した」と話したが、聴くことを継続するうちに「じつはいまも苦しんでいる」と話す。なぜこのようなことが生じるのでしょうか。

人はある体験や思いについて、それが関係者や自分に及ぼす影響を考慮して、それを話してよいかどうかを判断します。話すことで自分や関係者の立場や生活、生命が危うくなることがあるからです。

話してよいかの判断要件として、次のことがあります。第一は、発言およびその内容が、自分の生活している社会から許容されるか、批判の対象にならないかということです。第二は、話したいが、聴き手を信頼してよいだろうかということです。第三は、そのできごとの存在を認め話すことが、自分の人生を否定し自分の心の平安を保てなくなるのではないかという恐れです。

こうした問題を軽んじて、本人に話すことを促した場合、それによって話し手がまた新たなトラウマを背負う危険もあります。話すことで傷つくことはあるのです。それらについて考えてみましょう。

語ることと社会の関係

安心して語れる社会か

たとえば、働く人がうつになることを、弱いなどと否定的にとらえる職場では、自分がうつ状態であることを話せずがまんして働き、過労死や過労自殺に追い込まれるかもしれません。逆に、経営者が労働者の健康を大事にする職場なら、つらいことを話しやすく、人事や労務も職場改善の取り組みがしやすくなると思います。

子どもの不登校や引きこもりについて、それを親の責任だなどと否定的に評価する社会の雰囲気を感じると、親は引きこもりの事実を隠し、苦しみや不安を話すこともできなくなります。重い精神疾患に家族がなったときも同じような苦しみを味わい、誰にも話せず家族で抱え込む生活になります。

家族の一員が性暴力の被害に会ったとき、加害者を警察に訴えようとする本人・家族と、世間に知られると家の恥になると隠そうとする家族との間で軋轢が生じることがあります。そして家族だけではなく、社会が性暴力とたたかうことを否定的に見る風潮を持っています。性暴力被害に会い被害届を出そうとした伊藤詩織さんが警察から「よくあることだから被害届は出さない方がいい」と言われたこともその例でしょう[3]。

専制政治の国では、自国の政府が仕掛けた理不尽な侵略戦争に国民が反対したくても、言論弾圧などがあると、もう国民は自分の思いを話せなくなります。このような強権的な言論弾圧の下では、表面的には「反対する人はいない」ことになり、侵略戦争による残虐行為は「なかった」ことになります。しかし、話さないからといって、みな侵略戦争に賛成しているわけではないし、残虐行為がなかったわけではありません。

このような例でもわかるように、あるできごとを事実として認め、それについての自分の思いを話すことは、場合によっては大きな危険を背負い、大変な決意と勇気を要することになります。それは、私たちが社会という人間関係、権力構造のなかで生きているからであり、その社会が受容できる中身なのかが、「話す」ときの判断基準になります。

「話さない」理由を社会的に見ると、①誰かに強要あるいは脅迫された、②社会や家庭の雰囲気を考慮した、②自分の立場の悪化や身の危険を感じた、ということになるでしょう。

何が事実であるかは、それについて安心して話せるかどうかにかかっています。情報統制をする専制政府の一方的な宣伝を信じた国民には、「正しい軍事行動をしている。残虐行為をしたというのは敵側の嘘（フェイクニュース）だ」というのが「事実」となりましょう。しかし、自国の軍隊が行っている残虐行為を映像や情報、被害者の声で知れば、それまで信じていた「事実」が本当なのかという疑問が生まれます。そして知ることと話すことの安全が確保されているならば、自分が納得できる「事実」を見つけ語るようになるでしょう。

オーラルヒストリー

オーラルヒストリー（口述歴史）という歴史の研究方法があります。それは、公になった文献資料を根拠とする従来の歴史認識の方法とは別に、歴史的できごとの当事者（加害者、被害者、関係者など）の証言に、事実としての重要性を認め、歴史の「真実」を検証していこうというものです。この立場からは、いままでさまざまな事情で事実や体験を語れなかった人が語り始めることで、それまで「Aだった」という歴史認識が、じつは「Bだった」へと変わることが十分あります。そしてオーラルヒストリーには、当事者が体験や思いを安心して語ることを大切にするまなざしがあり、当事者を尊重し理解し支えようとするものです。

『戦争と性暴力の比較史へ向けて』[4]（上野千鶴子ほか編）には、石田米子氏らによる、中国山西省における日本軍による性暴力の被害者からの聞き取り調査について述べられています。そこでは、

「被害女性／大娘たちは、それ以前は誰からも自身の話が聞き取られたことはなく、石田らが訪れたことをきっかけに、五十年間の沈黙を破って自分の被害経験を語り始めた」とあります。そして、彼女たちは、日本軍による性暴力被害を受けたという体験について、聞き取りをされる前は、「自分の性暴力被害を恥ずかしいと思い、苦しいと思い、自分はどうしてあの時反抗できなかったのかと自分を責め、誰にも言えない」と思っていたそうです。それは、前述したように、「できごと」を被害者が住んでいる共同体や家族がどう受け止めているかを反映した結果と考えられます。

つまり、社会や家庭の価値観や文化は当事者に大きな影響を与え、結果として、あるできごとを「事実」として語らない、または「事実」として語る、ということが生じ、またできごとを「事実」として語るに関しても、聞き取り作業のなかでその内容が変化していくことがあるのです。それらを考えると、当事者が安心して自分の体験を「事実」として語れるような安全な環境（社会の見方や人間関係の変化など）をつくることがいかに大切かわかります。

二〇一一年の東日本大震災で起きた福島第一原発の放射能漏れ事故により、多くの福島県民は、住んでいた故郷を追われ、仕事を奪われ、家族の生活を壊されました。それは、多くの人にとっては、深刻なトラウマを抱える体験でした。「福島の再生なくして日本の再生はない」

と事故後に政府は言いましたが、県民の安心の生活はどこまで回復したのでしょうか。吉田千亜氏が福島県民から聞き取りをした『その後の福島――原発事故後を生きる人々』[5]では次のように述べられています。

> 原発事故の本質を抜き去った「復興計画」が進み、その流れに乗らない人は、「復興」を妨げる人間として責められ、（そうしたなかで）「不安」を自由に語れない空気が醸成されていった。
> 「もう〇年経ったのに、まだそんなことを言っているのか」という言葉も投げつけられる。そうすると、人々はどんどん「不安」を口にすることができなくなり、その結果、「放射能汚染を気にしている人なんてもういない」、「原発事故は過去の話」という空気が作られていく。

つまり、「不安である」ということが多くの県民の気持ちだとしても、それを言葉に出せない社会状況では、「不安は存在しない」ことになってしまうのです。

これらを考えると、歴史的「事実」を検証するには、公にされた文献資料によるだけでは不十分であり、歴史の当事者が安心して体験を語ることを保証し、その語った中身を尊重することが必要だと思います。

聴き手の姿勢

トラウマを持つ人がどれだけ本当のことを話すかは、聴き手の姿勢によります。聴き手が、親身に誠実に話し手の主体性を尊重しようとしているかは、傷ついた人ほどわかります。逆にそれを感じられないと、心の内を話せないのです。

先の書物で上野千鶴子氏は、「トラウマ化されスティグマ化された経験の言語化には、注意深く共感的な聴き手の存在は欠かせない」と述べています。スティグマ化とは、差別や偏見を引き起こす否定的な烙印を押されることです。また蘭信三氏は同書で「聞き手が異なれば聞き取られる内容が異なるということは、語り手と聞き手との『対話』によって聞き取りが『構築』されることを示している」と述べています。

これらを見ると、日本軍による性暴力被害を受けた中国山西省の女性たちは、「一人ひとりがどのように自分の被害を感じていて、どのように語ろうとしているのか」にこだわり、「それを繰り返し積み重ねる」という石田氏らの聞き取りの姿勢の真摯さ、誠実さを感じたからこそ、これまで心のなかにしまっていた（しまわざるを得なかった）トラウマ体験を語ったのだと思います。つまり話し手は、聴き手の姿勢を敏感に感じ、それは話すことが安全か危険かに通じるために、話すか話さないかの判断をしているのです。

ハーマンは、「精神療法実践の基本的前提は、真実を語ることが自然治癒力を持つと信じることにある」と述べています。また、C・ロジャーズは“The fact is friendly.”と述べたそうです。どちらも、真実を語ること、自分の思いを安心して話すことは、たとえその中身がつらいものだったとしても、傷ついた自分を癒す力になるということでしょう。

そして真実を語ってもらうためには、話し手の主体性を尊重し、その体験の誠実な証人となることが求められます。またハーマンは、「トラウマ体験後を生きる者自身が自分の回復の主体であり判定者でなければならない」と述べ、ある近親姦のサバイバーの言葉として「よい治療者とは私の体験を本当にまともに取り上げて確認してくれ、私が私の行動をコントロールできるように助けてくれる人のことで、私をコントロールしようとする人ではない」と伝えています。

こうした声を、私たちは真剣に受け止め、援助のあり方を振り返る必要があると思います。

聴き手の人間性

聴き手は、一人の個人である自覚が必要だと思います。「カウンセラーは話し手の鏡にならなければいけない」と言う人がいますが、私は、カウンセラーは「鏡」ではなく、一人の個人であると意識すべきだと思います。話し手は自分を映す鏡を求めているのでしょうか。そうではなく、血の通った聴き手が真剣に自分の話を聴き、理解しようと努力し、その内容を伝え返す、その人間同士の応答の手応えを求めていると思います。コンピュータやロボットにカウンセリングをしてもらいたい人がいるでしょうか。

ですから話し手は聴き手がどのような人間性と価値観を持っているかを確かめようとします。たとえば、うつになった人は、聴き手がうつをどう理解しているかを知ろうとします。うつがだめで恥ずかしいことと考えている聴き手とわかれば、どうして安心して心を開くでしょうか。不登校の子なら、聴き手が不登校をどう考えているかに敏感であり、学校に戻ることだけを要求する聴き手とわかれば、相談には通わなくなるでしょう。逆に聴き手の考え方や価値観が、話し手を安心させるものならば、心を開いてくれると思います。

私は不登校の子どもの相談に親が来たときは、『どうやって学校に戻らせるかばかりを考えていると行き詰ります。子どもは学校に行かないことで自分を守っているとも考えられるからです。登校するかどうかはひとまず脇に置き、その子はこれまでどんな気持ちで学校に行っていたのか、その子にとって学校はどんな所なのか、つまり、その子の心のなかを理解していきましょう。そしてその子が、自己信頼を失わずに、一人前の大人になることを支えていきませんか』と話すことがあります。

最初は、学校に戻すためのアドバイスを求めに来た人が多いはずですが、じつはこのような話をすると、ほっとする表情になる親が多いのです。親自身も、不登校になったことを親の責任と批判し、学校に戻すことを強要するような周囲の雰囲気を感じて苦しんできたからです。親はカウンセリングに通いながら、子どもの話を聴く努力をするようになり、少しずつ表情が柔らかくなり、親自身も「親の責任」から自由になっていきます。これも、聴き手の考え方に親が共感した結果だと思います。

ある若い女性は、生きづらさを抱えて中年の女性カウンセラーのもとに通っていました。ある日、この女性は、自分のつらさを話した後、カウンセラーに『先生が若いときはどうでしたか』と尋ねました。するとカウンセラーは『若い頃のことは忘れたわ』と言いました。若い女性は、自分の問いかけにまともに答えようとしないカウンセラーの態度に不誠実さや傲慢さを感じ、カウンセリングを止めたそうです。若い女性はカウンセラーに、自分の問いかけに、ひとりの個人として誠実に応答してほしかったのだと思います。

私は、自殺未遂をくり返す青年と面接したことがあります。

その青年は私に『なぜ、死んではいけないのですか。なぜ、生きていなければいけないのですか』と聞いてきました。私はしばらく考えました。その問いに「カウンセラーとしてどう答えるべきか」ではなく、「個人の私はどう考えているか」ということについてです。しばらく沈黙した後、私は青年におずおずとこう答えました。『わたしは、あなたがなぜ死んではいけないのか、なぜ生きていなければいけないのかはわからない。でもわたしは、あなたに死んでほしくないのです』と。青年は黙ってじっと聴いていて、何も言いませんでしたが、何回かカウンセリングに通ってくれました。その後しばらくして、突然、青年は面接に来て、『あれほどの苦しい体験を無駄にしたくないので、私はこれから人を援助する仕事に就きたいと思います』と静かに話してくれました。私はとてもうれしかったのですが、あの問いかけを受けたとき、私が個人として真剣に考えこんだことが、青年には温かな手応えとして伝わったのかなと、いま思います。

カウンセラーには、専門家としての知識や経験は必要ですが、究極の場面では、個人としての人間性で勝負するしかないと思います。そのためにも、常に自分の中身を広げ深める努力が必要だと考えています。

語りは話し手と聴き手の共同作業

話し手が聴き手の誠実な態度に支えられてつらい体験を話し、それを自分の人生に受け入れていくことができれば、ずいぶん楽になると思います。そして、それじたいが他者との信頼関係を作り直すことであり、安心できる通常生活との再結合になるでしょう。これまで述べたように、それは話し手が単独でできることではなく、誠実な聴き手の態度があるからできるのであり、真実を話すことは、話し手と聴き手の共同作業だと改めて感じます。

仏教思想家の金子大栄氏は「現実ということは、われら凡夫の心に頷かれ、凡夫の心に認容され、しかもそれが実際の働きをなすところにある」[6]と述べています。現実には客観性が必要という人がいますが、それを科学的に証明できることは限られていると思います。たとえば、仏様や浄土の存在について、「そんなのは空想の産物に過ぎない」という人もいますが、それらが存在すると思うことで、つらい生活のなかでも安心が生まれ、人生が少しでも豊かになったとしたら、それは実際の働きをしたと考えられるでしょう。そうなると、客観性云々には大した意味がなくなります。

同じように、トラウマ体験についても、誠実な聴き手に支えられて、本人が心からうなずける中身を語るようになれば、それが新しい現実となり、新しい歴史的事実となるわけです。本人にとっての現実は、語ることによって変化し、またそれは社会の歴史認識や価値観を変えていく力があると思います。

語る先に見えるもの

トラウマ体験について、それを抱えながらも生き抜いてきたという自分の人生ストーリーとして落ち着いて語れるようになると、どんなことが待っているのでしょうか。

トラウマがかさぶたになる

私は、深いトラウマは容易には消えないと思いますが、「かさぶた」になればよいと考えています。前述しましたが、心の傷もかさぶたになれば、トラウマに関することを見聞きしてもパニックにならず、「あのときはつらかったけど、よく生きてきたな」と自分を静かに見つめ、トラウマから生き方や人間関係を学ぶことができるようになります。

そのためには、①安心して心の内を話せる他者と、②トラウマ体験から学ぼうとする本人の自覚と努力、の両方が必要です。それがあって、生きる中身が深まり生きるたくましさが育ち、本当の意味で立ち直れるのだと思います。

苦しみの体験に意味が与えられる

深刻なトラウマ体験を生き抜いてきたサバイバーは、温かな聴き手に支えられ、広い視野と深い人生観を得ます。それは「順調に」生きてきた人にはわからない境地だと思います。また他者の温かな援助に感謝できるようになると、謙虚な自己信頼が生まれます。それは、他者の援助に支えられて生きてきた自分をねぎらい信頼する感覚です。

そして、自分の苦しみや悲しみを静かに味わえるようになります。金子大栄氏は「悲哀にたえ得ること、特に柔軟の心をもって悲哀に親しむ心は、同様の悲哀にある人の心を慰め、その苦悩を緩和する」[7]と述べています。私がつらいとき、この言葉にどんなに励まされたことでしょうか。悲しみを抱えた自分を優しく受け入れよう、そしてその悲しみの体験こそが、同様の悲しみを抱えた他者に寄り添う力になるということです。

また前述したように金子氏は、「救われるということは、煩悩具足罪悪深重のわれわれの人生経験がみな意味を与えられるということであります」[8]と、私たちの人生経験が、例えつらく悲しいことが多いものであったとしても、そこに大事な意味が与えられることが、私たちが深く安心する内実であると教えてくれています。

そのことを私のカウンセリングの師匠だった大須賀発蔵さんは『『陰は光に』、いやむしろ『陰は光』とすら言い切りたいのが、ささやかな私の究極の人生観です」[9]と述べています。彼は日頃から、「人は苦しみの体験により育てられる」と私に話してくれていましたが、それは、私を支えてくれました。大須賀さんは「カウンセラーは悩みや問題を解決しておかなくちゃいけない」などとは言いませんでした。もしそうならば、私はカウンセラー失格だったでしょう。大須賀さんは、私が抱えていた悩みをいつもよく聴いてくださり、「自分が苦しい体験をしているからこそ人の悩みを聴けるんだよ。君はいろんな苦しさを体験してつらいだろうが、それから大事なことを学ぶといいよ」と励ましてくれました。そして私もその姿勢を受け継ごうとしてきました。

このように、トラウマ体験からの回復の道筋を理解すること、またその際の聴き手の姿勢の大切さを理解することが、さまざまな援助において有益だと考えています。

終章

生きる安心を得るために——そのままのあなたで大丈夫

自分や大切な人を支える目標は、本人が「私も生きていいのだ」という深い安心感を持つことだと思います。そのために、「そのままのあなたで大丈夫」というコトバを使うことがありますが、実際にはむずかしいです。終章では、存在承認としての「そのままのあなたで大丈夫」とはどういうことか、生きる安心とは何かを考えたいと思います。

「そのままのあなたで大丈夫」の問題

自分が「そのままのあなたで大丈夫」と言われると、何となくほっとします。それは、そんなに自信をもって生きている人は少ないからかもしれません。しかし次のような人に『そのままのあなたで大丈夫』と言えるでしょうか。ひどいDV（夫婦間暴力）をする夫に。児童虐待をする親に。パワハラをする上司に。大切な人を奪った犯罪の加害者に。悲惨な戦争を引き起こした指導者に。

このような人には、そう簡単には『そのままのあなたで大丈夫』とは言えません。児童虐待は許されるはずがなく、児童虐待を知った人は児童相談所などに通告する義務が児童虐待防止法に定められています。またパワハラを受けた人は心身が傷つき、休職や退職に追い込まれることもあるので、加害者を告発してたたかうことも必要です。戦争は政治的な立場が問われますが、強制的に戦場に駆り出され傷を負った人、大切な家族を失った人、侵略戦争でいのちや生活を奪われた国の人々は、そうした戦争を引き起こした指導者に『そのままで大丈夫』とは決して言えないでしょう。

長年にわたり夫から身体的精神的暴力を受けていても、「わたしが変われば、夫はやさしくなるはずだ」と自分に言い聞かせ、夫を怒らせないように生きている妻がいます。しかしそれでDVが止むはずはありません。カウンセリングで『いまの状況のままで生きることはどう思いますか？』と聞くと、多くの妻は『一緒にいて楽しくないし、このままの状態で残された人生を生きるなんて悲しすぎます』と答えます。ではどうしたらよいかを話し合うなかで、妻は自分の生き方や人間関係の持ち方を振り返り、自分の思いをもっと大切にしようと思い始めます。そして勇気を出して夫に『いまのままのあなたとは一緒にいたくない。あなたに合わせる生き方はもうやめる』と宣言し、自分の決断で人生の選択をするようになる人もいます。私はそういう人に、人間のたくましさを感じ感動も覚えます。

このように、自分や大切な人を苦しめ傷つける人に『そのままで大丈夫』とは決して言えません。つまり、『そのままのあなたで大丈夫』とは、誰が言うのか、誰に言うのか、どんな思いで言うのかが問題になります。

「そのままで大丈夫」とはいえない人との関わり

カウンセリングでは、ギャンブルにのめりこむ人や、パワハラなどで他人を傷つける人とお会いすることがあります。その際、そうした言動を「良い」と認めるわけにはいきませんが、その人の背景に「そう生きざるをえなかった悲しみや苦しみ」を感じると、その人のイメージが変化します。またそれが理解されたと感じると、その人が自分を謙虚にふり返り、その人が変化することも少なくありません。

ある会社員がパワハラで会社から処分を受けました。本人は当初、『わたしの行為は確かにパワハラであり、相手に申し訳ないことをしました。ただつらかったのは、会社はわたしの行為を批判し処分したが、その行為をした理由をまったく聞いてくれなかったことです』と話しました。つまりパワハラには、それなりの事情があったと言うのです。

本人は意地悪な人ではなく、仕事熱心で立派な業績を上げてきた人でした。他の人が敬遠する困難な仕事でも進んで引き受け、深夜までの残業や休日出勤も多くしました。また彼は部下を熱心に育て、部下が失敗しても嫌な顔をせずに後始末をしてやりました。ただそのように一生懸命に働く彼に対して、ある社員が不遜な態度を取ったため、思わずパワハラ行為をしてしまったそうです。

私が彼に『がんばって業績を上げたことはすごいと思いますが、疲れていませんでしたか』と聞くと、『たしかに、疲れていたと思います。だから、会社でも家でもイライラしていたかもしれません』と彼は答えました。そこで私が『過剰な疲れやストレスは、怒りという表現になるのですよ』と言うと、彼はとても納得した様子で、『確かにそうですね。これまでのような無理な働き方を続けていたら、これからもパワハラをするでしょうし、家族にもつらく当たるかもしれません』と言い、それまでの働き方を変える決心をしました。そして、会社から無理な要求があればきちんと断り、部下とも適切な距離を取って育てるようにしたら、とても楽になり職場でも家庭でも穏やかに過ごせるようになったそうです。

この事例を見ても、人は「そのままで大丈夫」とは決していえないときもありますが、その状態から変化する可能性もあることがわかります。

「そのままで大丈夫」と誰が言えるのか

親鸞の「善人なをもて往生をとぐ、いはんや悪人をや」[1]という「悪人正機説」（善人より悪人が救われる）は究極の「そのままのあなたで大丈夫」だと思いますが、それを誰が言うのかが問題です。親鸞にとっての悪人とは、生きることに悩んでいる人であり、良いことをしたくてもできず、したくないのに悪いことをしてしまう、自分ではどうにもならない生きる苦しみを有している人です。そして親鸞は、そういう人こそ救われなければならないと考えたのです。ところが、そうした趣旨を捻じ曲げ、「悪人が救われるならば、どんな悪いことをしても大丈夫なはずだ。いや、どんどん悪いことをした方が往生できる」と主張する人が現れ、親鸞も心を痛めていました。

その問題について、金子大栄氏はこのように述べています――「どんな罪のふかいものでも、どんな悪人でも助かるということは、人間として言うことはできません。そう言ったら、社会秩序も破壊されましょうし、人倫道徳も壊れてしまいましょう。それは魔説であります。……しかしながら、智愚、善悪を簡《えら》ばぬことを仏のお言葉として聞くときには、われわれはただ頭が下がるのであります」[2]と。

社会が成り立つには、社会規範や社会秩序は大事であり、人を傷つけたりだますような悪いことは許されず、「悪人こそ救われる」などとは、人間が簡単に言ってはならないというのです。しかし道徳や法律では救われない、親子関係や人間関係の悩み、生活苦や病気、大切な人の喪失、人生の選択などは、昔から人生に伴う苦しみでした。だからそういう人には、善悪や人間の計らいを超えた「大いなるもの」のまなざしが支えになるということです。

「大いなるもの」とは、仏教では仏様、キリスト教では神様でしょうが、江戸っ子が言う「誰もわかっちゃくれねえが、お天道様だけはお見通しだ」というのも同じでしょう。誰も理解してくれなくても、お天道様という「大いなるもの」は自分の思いや事情を理解していると信じることが、その人を支えるのだと思います。

その人の人生や背負う状況に対して、本人の気持ちを確かめずに、第三者が『そのままで大丈夫』と（評価的に）言うことは本人を傷つける恐れがあります。

たとえば、さまざまな障害を持ちながらも、懸命に生きることで、健常者では得られない深い体験をし、人生の内実を豊かにすることはあります。本人や家族には、つらいけれど自分を育ててくれた貴重な体験となります。ただそうした光が当たる面だけを取り上げ、第三者が『そのままで大丈夫』とか『苦しい体験があなたを育てたのですよ』と言うのは違うと思います。それは、本人や家族がこれからも困難を背負って生きていく事実の重みを軽視しているからです。当事者が『苦しい体験がわたしたちを育ててくれた』と言うのは尊重されるべきですが、第三者が評価的に言うのは、相手を尊重しているとは感じられません。

また、本人の生き方の変化を恐れて、周りの人が『そんなに悩まなくていい。そのままで大丈夫』と言うのもおかしいと思います。たとえば、安定した仕事に就いている人が『もっと納得できる仕事を見つけたい』などと言い出すと、親など周りの人は転職のリスクなどを心配し、『あまり悩みすぎるな。安定しているいまのままでいいじゃないか』と説得しようとします。しかしこれは、本人の気持ちを理解しようとせずに、周りの人の意見の押し付けになります。それよりは、心配はあるにせよ、人生の選択は本人の権利であり、そのリスクは本人が背負うべきことを認識し、本人の思いを理解し見守ることが大切だと思います。

たとえば、お釈迦さまは二十九歳のとき、王族としての身分も家族も捨てて出家しました。突然のことで、家族は戸惑い悲しんだかもしれません。そこだけ考えると、お釈迦さまは、周りの人にえらく迷惑をかけた人ともいえますが、彼は熟考の末、「いまのままの生き方ではだめだ」と思い、人生の転換を図り、仏教を興したのです。

つまり、深く考えずに「そのままで大丈夫」と言うことは、その人の人生の可能性や安心を損なう危険があり、社会適応レベルだけで考えると、理解や関わりが浅くなります。

新しい自分になる

私には、十年以上カウンセリングでお付き合いしたクライエントが何人もいました。みなさん当初は家庭や職場の問題、人生の選択などを抱えて悩んでいました。ところでその方々は、「当時の自分のまま」でいたのでしょうか。結論からいうと、彼らはカウンセリングで自分を語り見つめながら、大きく変わってたくましくなり、また、もともと持っていた人格的な中身を深め広げました。もし彼らの生き方、働き方、人生観、家族観、対人関係など何も変わらなかったら、生きることがより困難だったかもしれません。変わることで、「新しい自分」

になることで危機を乗り越え、生きる安心が得られたとともに、彼らの真摯さ、誠実さ、優しさなどは変るのではなく、一層深みを増したように思えます。

問題を抱えたとき、「そのままの（従来の）自分」にこだわり続けると、生きづらさは増してしまいます。「人は人生の体験をとおして変りうる。またその事態を引き受ける自分に変わらねば安心を得られない」と、私は思います。そして彼らから、人は生きるたくましさやエネルギーを持ち、尊敬に値する存在であることを学ばせてもらいました。

ただし「自分を変える」ことは、それまでの生き方のバランスを壊すことであり、リスクも伴います。たとえば、DVの夫に逆らえない妻が、自分を主張する生き方に変えるには大変な勇気が必要です。しかし、変えなければ苦しみが続くでしょう。

ですから、自分を変える大仕事のためには、自分を理解してくれる他者の存在が必要になります。J・ハーマンは、トラウマからの回復には「外傷体験を他者に何度も話す」ことが必要[3]だといいます。自分の話を聴き理解する人がいることで、厳しい状況を生きてきた自分を受け入れ、他者への不信感を新しい信頼関係へと転換するのです。カウンセリングは、本人の変化を援助することで、トラウマからの回復を支えるといえます。

悪を転じて徳を成す

親鸞の『教行信証』に「円融至徳の嘉号は悪を転じて徳を成す正智」と述べられていますが、私はそれに、苦しみへのまなざしを教えられる気がします。

円融至徳の嘉号とは南無阿弥陀仏と仏の名号を唱えること（念仏）であり、念仏は「悪」（肯定できないこと）を「徳」（意義あるもの）に変える正しい智慧だというのです。念仏の意味は脇に置くとして、悪が徳に変化するとはどういうことでしょうか。

親鸞は、念仏で悪が消えるのでも許されるのでもなく、悪がそのまま自分の内面を深める大事な体験、つまり「徳」になるというのです。親鸞のいう「悪」とは、人生体験を内省して感じる「こんなはずじゃなかった」、「罪なことをした」、「なぜ苦しみばかりがやってくるか」という人生へのやり切れなさ、悲しみ、自責、怒りです。そして「悪を転じて徳を成す」とは、「苦しみの体験から大切なことを学ぶ」ことだと思います。

深い苦しみの体験を背負っていても、親身に話を聴いてくれる人がいて、体験から謙虚に学ぼうとする気持ちがあれば、その体験は、自分を育て深めてくれる大切な体験と感じられます。「人は苦しみの体験により育てられる」とは、大須賀発蔵さんがよく話していたことですが、これも「悪を転じて徳を成す」のまなざしだと思います。

「救われるということは、煩悩具足罪悪深重のわれわれの人生経験がみな意味を与えられるということであります」[4]という金子大栄氏のコトバは、私たちの多くが、人生が意味あるものであってほしいと切実に願っていることを示しています。

老人性うつになり薬の効き目がないために医師に勧められてカウンセリングに来談した人は、何回か通うなかで自分の人生をていねいに振り返り、自分の人生にも意味があったことを確認できると、うつから回復していきました。

そう考えると、長年カウンセリングに通い、苦しく悲しい体験を語ってきたクライエントの方々が得たものは、「悪を転じて徳を成す」ということだったのではないでしょうか。そして「苦しみの体験から学ぶ」という姿勢なしでは、「そのままのあなたで大丈夫」ということは、あまり役に立たないと思います。

「そのままで大丈夫」と言われてほっとする人

これまで「そのままで大丈夫」とは簡単に言えないと述べてきましたが、自分が、「そのままのあなたで大丈夫」と言われるとほっとするのは、どうしてでしょうか。

ほっとする人は、おそらく「このままの自分で大丈夫」と思っていない人でしょう。「このままの状態で生きるのは苦しい」、「もっと安心して生きたい」と感じている人、病気や障害、生きづらさなど、容易に解決できない苦しみや悲しみを抱えている人ではないでしょうか。

逆に「このままの自分で大丈夫」と思っている人は、自分のありようを内省しない人、苦しみを他者に押し付け責任を自覚しない人かもしれません。彼らは、「そのままで大丈夫」と言われても特に感動もなく、当たり前だと思うでしょう。それどころか他者が彼らの言動を直してほしいと頼んでも、話も聴かず自己正当化を強めるかもしれません。パワハラをする上司やDVをする夫などにはよく見られることです。

『そのままのあなたで大丈夫』と言われてほっとするのは、「いまの状態のままでよい」ということではなく、「あなたが苦しみや悲しみを背負いながらも誠実に生きようとすること、またその体験から真摯に学び生き方を変え深めようとすることを応援しますよ」と聞こえるからではないでしょうか。

「苦しいことは苦しいと本当に素直に見て、そうしてそこに苦しいということの上にある意味を認めていく。これがすなわち随順であります」[5]という金子大栄氏のコトバは、苦しい現実のなかを生きるためのまなざしを述べています。随順とは現実を受け入れて生きることですが、それは過酷なつらさに耐えるとか理不尽なことを我慢することではなく、苦しみや悲しみを、まず素直に表現した上で、その苦しみや悲しみに何か大切な意味を見出すことだというのです。

つまり、『そのままのあなたで大丈夫』と言われてほっとするのは、「苦しみを抱えて生きる思い」を、そのまま温かく受け止めてもらえたと感じられるからだと思います。

柔軟心《にゅうなんしん》

話を温かく聴いて理解してくれる人に支えられ、自分の人生に何らかの大切な意味を感じると、「人は心と身体が柔らかくなる」と金子大栄氏はいいます。「人間の内面生活を悲しみ痛むところの慈悲の光が照らすと、人間は身心柔軟になるのである」[6]、「そういう柔軟心というものはどういうところから出るかというと、人生のあらゆる経験、人間のあらゆる苦悩を受け容れて、それを素直な心で消化してゆく所に初めて出るものであります」[7]。

確かにそうだと思います。苦しみ悲しみ、どうしてよいかわからなくなった自分を温かく受け止めてもらったとき、私たちはほっとします。過労やストレスが身体の症状に出ることは珍しくありません。しかしカウンセリングで自分の思いを聴いてもらうと、心も身体も楽になり、不眠や肩こり、胃痛や下痢なども改善することが多いのです。そして身体が楽になると、自分の状況を落ち着いて見る「もうひとりの自分」が生まれます。

「絶望を分かち合うことができた先に、希望がある」[8]とは、東大准教授の熊谷晋一郎氏のコトバですが、そこに深い柔軟心が表現されていると思います。

熊谷氏は、脳性麻痺の障害を持ち車いすの生活を送りながら小児科医として活動し、また当事者研究という運動をとおして、障害者の主人公性の獲得に取り組んでいます。私はこのコトバに心からうなずけました。ただこのコトバに心からうなずける人、心の支えになると感じる人は、それなりの苦しみや悲しみの体験をしている人だと思います。よく『絶望してはいけない。最後まであきらめるな』と言う人がいますが、言われる方からするときついのです。本当はまず、「まいった。絶望だ」と心の内を表現し、その気持ちをそのまま受け取ってほしいのです。私の子どもが不登校になった体験は前述しましたが、妻に『俺はもうどうしてよいかわからない。でも不登校のままだとしても家族四人で何とか生きていこう』と素直に言えたとき、つまり絶望を表明できたとき、不思議ですが心が楽になり、子どもたちに対してもやさしい気持ちが生まれました。それは、妻が私の絶望をしっかり受け止め、分かち合ってくれたからだと思います。いまの自分のどうにもならなさに悲しみを感じる人だけが、『そのままのあなたで大丈夫』というコトバにほっとするのでしょう。それは、新しい自分に生まれ変わる勇気を与えてくれるものです。

カウンセリングの後、心が楽になる反面、重たい気持ちが生じるのも、聴いてくれる人が支えとなり、自分の生きるテーマ（課題）を自覚するからだと思います。私は長年エンカウンター・グループ（話し合いグループ）をやってきましたが、グループの後、いつも少し重たい気持ちで帰ります。それは嫌な重さではなく、他者の話を聴いたり自分の話を聴いてもらうことをとおして、「自分はこれからこんな問題と取り組まなくてはいけないのだ」と自覚する重さです。それは、他者に自分を否定されずに受け止めてもらうことで安心し、それまで自分で目をつぶっていたテーマを自覚できたからだと思います。

「そのままのあなたで大丈夫」とは、さまざまなことで苦しみ、安心を求めようと必死になっている自分をそのまま認めるものであり、新しい自分に生まれ変わろうとする努力を応援する動的なものです。苦しくやり切れない、そしてどうしてよいかわからなくなり、時には動けなくなっている「そのままの自分」が、「新しい自分になる」ための原動力になるのだと思います。

宇宙は、一三八億年前のビッグバン以前に無の状態があり、その空間も時間もエネルギーも見えないという「無」から宇宙が生じたといわれています。つまり無とは、何もないということではなく、あらゆるものが生じるエネルギーの種子、原点ともいえるのです。それと同じように、絶望とか動けないとかいうある種の「無」の状態が、新しい自分を生み出す原動力になるのだと思います。それまでの生き方や価値観では何ともならないギリギリの苦しい状態が、新しい自分を生み出す大事な契機になるのです。

もちろんそのためには、支えてくれる誰かが必要なのですが。

「よきこともあしきことも、業報にさしまかせて、ひとへに本願をたのみまいらすればこそ、他力にてはさふらへ」という『歎異抄』の唯円のコトバは、自分がつらくてたまらないとき、私を支えてくれます。

業報とは、前世で行った善悪の行為の報いといわれますが、私にはよくわかりません。しかし人間の計らいを超えた大きな流れのなかに自分が生きていると考えると、よいことも悪いことも、その大きな流れのなかで生じたと感じられ、その流れにお任せしようと思うと楽になります。これは何かつらいことがあったとき、「なんでこうなってしまったのか」とくよくよ悩まず、その「良し悪し」は自分の計らいを超えた大きな流れにお任せして、安心してその問題に取り組み、そこから学べばよいと聞こえるからです。これも人智を超えた大いなるもの（阿弥陀仏やお天道様など）から「そのままのあなたで大丈夫」と言われる感覚かもしれません。


自立した人とは、他人に頼らずに生きられる人ではなく、困ったときに頼れる人、依存できる人を持っている人といわれますが、本当にそうだと思います。

私は、生きるためには「一人でいられる力」が必要と考えています。一人でいられない人は、いつも誰かと群れていないと不安になり、群れから追い出されないために周りに合わせ過ぎ、自分らしい生きるペースや人との距離感を見失うからです。

しかし逆説的ですが、一人でいられるためには、「独りぼっちではない」「信頼できる人、見ていてくれる人がいる」という感覚が必要なのです。そして、大きな流れにお任せするということは、任せたから何もやらないということではなく、お任せして安心することで、余計なことを考えずにやるべきことに集中できるということだと思います。

聴いて理解してもらうことによる生きる安心

私は、「そのままのあなたで大丈夫」とは、誰かから直接そう言われるというよりも、自分の心の内を誰かに温かく聴いて理解してもらうことで、「こんな自分でもダメでないかもしれない」とほっとする感覚、失いかけていた自己信頼が自分の心の深みからよみがえる感覚ではないかと思います。その「聴いてくれる人」は具体的な人でも、何か大いなるもの（仏様など）でもよいと思います。

逆に、話をよく聴いてくれないで『そのままで大丈夫』と誰かに言われても、一方的に評価されたようで、自分を尊重されていない感じがします。「これはこう考えるべきだ」と一方的な評価を押し付けてくる人、「ああしろ、こうしろ」と強いアドバイスをしてくる人からは安心は得られないでしょう。

京都や奈良のお寺で仏さま（仏像）と向き合うと心が楽になるのは、仏さまは迫る感じではなく、悲しみを受け止めてくれる温かな受け身の感じなので、私たちは癒されると思います。静かに思いを聴いてもらうことで、まず安心し、失いかけた自分への信頼や他者への信頼が、再び甦るのです。


一生懸命に聴くことは、「わたしはあなたの悩みや抱えている問題をダメなことではなく、大事なことと感じています。わたしはあなたという人間を大事な存在と感じています」と、相手への尊重の思いを伝える行為です。

評価的なまなざしや言説ではなく、その人が「苦しみや悲しみを抱えながら生きる」ことに敬意を払い、誠実に話を聴くこと、それが「そのままのあなたで大丈夫」という響きで相手に伝わると思います。それが伝わると、私たちは安心して悲しむことができ、安心して悩むことができます。そしてそれをとおして、自分が本当にどう生きたいのかが見えてくるのだと思います。

悲しみが消えるのではなく、安心して悲しめるのです。悩みが消えるのではなく、安心して悩みと取り組めるのです。ある女性は、突然、子どもを亡くしました。彼女は母親として葬儀や新盆をきちんと執り行い、周りからは気丈な人だと思われていました。そして一周忌が済み周りはもう大丈夫だろうと思う頃、彼女はそれまで抑えていた悲しみややりきれない怒りが湧いてきてどうしようもなくなり、カウンセリングに来ました。カウンセリングで私がしたことは、彼女が安心して悲しみや怒りを十分表現することを支えることでした。二年ほど通われて彼女は心の安定を取り戻しました。

私は悲しいときは安心して悲しみたいと思います。

「私はつらい時は、『誰かに話を聴いてほしい』と思います。アドバイスや励ましはあまりほしくありません。ただ話をよく聴いて、事情や思いを理解してほしいのです。その上で『大変だったね』などと心からねぎらってもらえたら、どんなにほっとして安心するでしょう」[9]――これは私の本音です。

ただ心の中身は誰にでも話せるわけではありません。そのために、信頼できる人を見つける努力は必要ですが、私は「出会いは力なり」と信じています。真剣に「どうやって生きたら安心できるだろうか」と考え、誠実に生活していると、そういう思いや努力に見合った出会い（人、できごと、コトバなど）があると信じています。誰かに温かく支えてもらい、自分のことを「自分なりに一生懸命誠実に生きていこう」と受け入れること、それが「そのままのあなたで大丈夫」の内実だと思います。

おわりに

　これまで対人援助のまなざしについて述べてきましたが、要は、「安心して生きる」ようになることです。そして何よりも私自身が、個人としてもカウンセラーとしても、どうしたら安心して生きることができるかを切実に求めてきたのであり、この本には、そのために学んできたことが書かれています。

　振り返れば、私がカウンセラーになるとは、若い頃の自分には想像もできなかったでしょう。私は、一九七〇年に東北大学の工学部化学系に入学しました。それは、当時全国で水俣病やイタイイタイ病などの公害が問題になっており、高校生の私は、産業の発展という名の下に、罪もない人々がなぜこんな悲惨な目に会わねばならないのかと強い憤りを感じ、自分が公害の研究者になり、社会から公害をなくそうと思ったからでした。しかし当時の大学では、大学闘争の影響を受け、誰のための学問や技術なのかが真剣に問われていました。そして公害は、科学技術の進歩だけでは解決せず、企業の利潤追求のためなら環境破壊に目をつぶるという社会のありようを変えねばならないと思うようになりました。その思いを胸に、私は地域の公害反対運動に加わるようになり、自分なりに真剣に活動したつもりでしたが、さまざまな困難に出会い、大学を中退し、会社員になりました。

三十六歳になる頃、私は、十年近く勤めた会社で仕事や人間関係に行き詰まり、心身ともに疲弊していました。しかし当時の私は「人に自分の弱音を見せたらおしまいだ」と考えていて、誰にもつらいと言えませんでした。ただ限界が来て、妻に『じつは……会社で働くのがつらい』と告白したら、妻は『まじめに働いてきたあなたがつらい思いをするのは、会社の方が悪いのだから、いますぐ辞めなさい。その代わりわたしが働きます』と言ってくれました。この妻のコトバは、私を全面的に信頼しているメッセージであり、本当に救われました。いま振り返ってもありがたいです。カウンセリングでは、受容と共感が基本といわれますが、これは私が身近な家族に、そのまま受容された体験でした。

その後、私は会社を辞め、「社会の役に立つ仕事をして残された人生を送りたい」と思いましたが、なかなか道が見出せませんでした。

そんな頃、私がいた会社の社長の大須賀発蔵さんが声をかけてくれました。彼は全国的に著名なカウンセラーであり、当時、茨城県商工経済会人間関係研究所[1]というカウンセリング機関の所長をしていました。彼は私に『カウンセリングをやってみないか。君には向いていると思う。ただそのためには、いろいろと勉強をしなければならないが、その間の生活の面倒は見てあげよう』と言ってくれました。そして大須賀さんは、本当に私を物心両面で支えてくれました。私は、このような温かく不思議なご縁でカウンセリングの世界に入ったのです。

よく考えれば、公害防止の研究者になる道はなくなりましたが、巡りめぐって、いまカウンセラーをしているのも、社会の人々の役に立ちたいという意味では、そう違っていないのかもしれません。ただ、そうはいっても、私の心のなかに、「人生こんなはずじゃなかった」というやりきれなさが消えなかったことも事実です。

こういう私が求めた「安心」とは、問題や悩みを解決しての安心ではなく、問題や悩みを抱えても、自分を否定せずに安心して生きることでした。またその安心の中身は、悲しみに親しむ心を持つことで深められ、金子大栄氏のいう「各々の人は各々の人であれかしと念ずる心」[2]が生じるのだと思います。それは一人一人の違いを大切にし、他者を軽んずることなく、他者と適切な関係を保ちつつ、自分らしい生き方を求めるまなざしです。

また、人生を引き受けるというまなざしも、私を支えてくれました。「荘子」の徳充符篇にこういうコトバが出てきます。「いかんともすべからざるを知りて、之に安んじて、命にしたがうは、唯有徳者のみ之を能くす」[3]。この意味は、人生においては人間の計らいではどうすることもできないことが生じるが、これを否定せずに、自分の天命として引き受けることは、本当に徳のある人だけができるのだ、ということです。

このコトバに出会い、徳とは、いわゆる「立派な行いをする」ことではなく、「人生を引き受ける」ことだと学び、本当に救われる気がしました。つまり私の挫折が多かった人生をダメと思わなくてよい、そしてその人生を引き受け、そこから大事なことを学ぶことが「徳」なのだと。そう思うと、つらくやり切れないことが多かった人生が、いまの自分の人生観やカウンセラーとしての姿勢を育ててくれたと感謝できるようになれました。

こうした体験をとおして、私は、自分を見つめアドバイスしてくれる「もうひとりの自分」を育てることが、安心して生きるために必要だと確信してきました。この本では、「もうひとりの自分」を育てるものとして、次のことを述べてきました。

①安心できる人に、自分の思いや事情を真剣に聴いて理解してもらう。
②無理な生き方やストレスによるさまざまな症状の理解と回復の方法を学ぶ。
③トラウマ（心の傷）から回復する姿勢と方法を学ぶ。
④「そのままのあなたで大丈夫」という存在承認の内実を学ぶ。

①〜④のことが大切だと思えるようになったのは、私にはさまざまな出会いがあり、そこから多くのことを学ばせてもらったからでした。

「出会いは力なり」というのは、私が体験上信じていることの一つです。どうやったら安心して生きていけるかを日々真剣に考えていると、その思考や感受性の深まりに応じた不思議な出会い、すなわち人や書物、コトバ、世界との出会いが生じ、それが自分を支え、視野を広げ、「もうひとりの自分」を育ててくれます。私の場合それが、本書でも引用した、荘子、ユング、金子大栄、井筒俊彦、中井久夫、ハーマンといった先人、師匠である大須賀発蔵氏、鈴木研二氏、それに信頼できる友人たち、そして多くのクライエントの方々でありました。

私にとって、これらの方々との出会いは大事な宝物であり、苦しいことがあっても、人に支えられて生きられることを、私がこの身で体験させてもらいました。この本に書いたことは、そうした私の体験に基づいています。

結局、求められる「対人援助のまなざし」とは、それぞれの人のいのちを尊重し、それぞれが自分らしく生きることを祈るまなざしだと思います。それは、悩むことやつまずくことを否定的にとらえたり、社会や職場の実情を見ずにそれへの適応を求めたり、症状さえなくせばよいと考えるような援助の姿勢とは、対極のものです。そしてわかってきたことは、問題解決のスッキリを求めるのではなく、生きる〝不安〟や〝悲しみ〟の重みを腹で静かに感じながら日々を過ごすと、心身が柔軟になり、楽になるということです。めざすことは、自分が楽になることであり、生きる安心を得ることです。そして私が学んできた楽になるための道筋をお伝えしたくて、この本を書きました。

この本が、読んでくださった皆さんにとって、生きる安心を得るための参考に少しでもなれたら、本当にうれしく思います。

文　献

はじめに

1　金子大栄『人生のゆくえ』雄渾社、一九七二年

序　章

1　文部科学省「令和三年度　児童生徒の問題行動・不登校等生徒指導上の諸課題に関する調査結果の概要」二〇二二年一〇月
2　中川真昭『金子みすゞ　いのち見つめる旅』本願寺出版、二〇〇三年
3　金子大栄『歎異抄聞思録（下）』コマ文庫、一九九三年
4　金子大栄『大無量寿経講話（下）』コマ文庫、一九九二年
5　新美南吉『でんでんむしのかなしみ』大日本図書、一九九九年
6　前田利鎌『臨済・荘子』岩波文庫、一九九〇年
7　金子大栄『人生のゆくえ』雄渾社、一九七二年

第二章

1　金子大栄『歎異抄聞思録（下）』コマ文庫、一九九三年
2　C・G・ユング／林道義編訳『心理療法論』みすず書房、一九八九年
3　J・セイックラ&T・E・アーンキル／高木俊介・岡田愛訳『オープンダイアローグ』日本評論社、二〇一六年

4　金子大栄『大無量寿経講話（下）』コマ文庫、一九九二年

第三章

1　松崎博光『自律神経失調症――乱れた身体のリズムを治す』新星出版社、一九九一年
2　J・E・サーノ／浅田仁子・長谷川淳史訳『心はなぜ腰痛を選ぶのか――サーノ博士の心身症治療プログラム』春秋社、二〇〇三年
3　文部科学省「児童生徒の問題行動・不登校等調査」令和三年度
4　内閣府「こども・若者の意識と生活に関する調査」令和四年度
5　鈴木研二『見られる自分――マザ・コンと自立の臨床発達心理学』創元社、二〇〇四年
6　吉澤夏子『フェミニズムの困難――どういう社会が平等な社会か』勁草書房、一九九三年
7　M・ヴァレンティス&A・ディヴェイン／和波雅子訳『女性・怒りが開く未来』現代書館、一九九六年
8　宮崎駿『千と千尋の神隠し』徳間書店、二〇〇一年
9　厚生労働省「労働安全調査」令和三年
10　厚生労働省「過労死等の労災補償状況」令和三年度
11　総務省「地方公務員のメンタルヘルス不調による休務者及び対策の状況」二〇二一年――二〇二〇年度に自治体職員の二・三パーセントがメンタル不調で休職。
12　白石嘉治・大野英士『ネオリベ現代生活批判序説』新評論、二〇〇五年
13　神野直彦「論壇」『朝日新聞』二〇〇〇年一月一〇日
14　労働契約法第五条――「使用者は、労働契約に伴い、労働者がその生命、身体等の安全を確保しつつ労働することができるよう、必要な配慮をするものとする。」
15　米国精神医学会による精神障害の診断マニュアル（DSM）では、発症の原因や事情を問わない立場

から、症状でうつ病（感情障害）を診断する。しかも、近年勢力を増した生物学的精神医学では、あらゆる精神障害を、脳の化学的バランスのくずれの問題として説明するので、当然薬物中心の治療となり、精神療法だけでなく、患者の話をていねいに聴くことも重んじられない。しかし、「心理社会的要因の重要性を無視して精神障害の病因を理解しようとする試みは無益だ」として、これらの流れを批判する勢力も存在する。その人たちは、発症にいたる事情や患者の気持ちを重んじ、症状の意味を理解しようとするので、薬物療法だけでなく、カウンセリング・精神療法を重視する。

16 厚生労働書「自殺対策白書」令和四年版

17 厚生労働省「事業場における心の健康づくりのための指針」二〇〇六年

18 金子大栄『教行信証講話』文栄堂、一九九四年

19 片田珠美『薬でうつは治るのか？』洋泉社、二〇〇六年

20 E・ヴァレンスタイン／功刀浩監訳・中塚公子訳『精神疾患は脳の病気か？――向精神薬の科学と虚構』みすず書房、二〇〇八年

第四章

1 J・L・ハーマン／中井久夫訳『心的外傷と回復』みすず書房、一九九六年

2 M・ヴァレンティス＆A・ディヴェイン／和波雅子訳『女性・怒りが開く未来』現代書館、一九九六年

3 伊藤詩織「オピニオン＆フォーラム」『朝日新聞』二〇二〇年二月六日

4 上野千鶴子・蘭信三・平井和子編『戦争と性暴力の比較史に向けて』岩波書店、二〇一八年

5 吉田千亜『その後の福島――原発事故後を生きる人々』人文書院、二〇一八年

6 金子大栄『歎異抄聞思録（上）』コマ文庫、一九九一年

7 金子大栄『人生のゆくえ』雄渾社、一九七二年

8　金子大栄『大無量寿経講話（下）』コマ文庫、一九九二年
9　大須賀発蔵『陰は光に――「華厳経」一行拾い読み』柏樹社、一九九〇年

終　章

1　唯円『歎異抄』岩波文庫、一九八一年
2　金子大栄『歎異抄聞思録（下）』コマ文庫、一九九三年
3　J・L・ハーマン／中井久夫訳『心的外傷と回復』みすず書房、一九九六年
4　金子大栄『大無量寿経講話（下）』コマ文庫、一九九二年
5　金子大栄『大無量寿経講話（上）』在家仏教協会、二〇〇六年
6　金子大栄、同書
7　金子大栄『観無量寿経講話』コマ文庫、一九九一年
8　熊谷晋一郎「自立は、依存先を増やすこと／希望は、絶望を分かち合うこと」『TOKYO人権』第五六号、二〇一二年
9　大築明生「それで自分が助かるか――対人援助へのまなざし」『メンタルケア・ネットワーク』茨城カウンセリングセンター、二〇二〇年一一月

おわりに

1　茨城県商工経済会人間関係研究所は、一九九六年に茨城県と県内の産業界の協力により設立された（財）茨城カウンセリングセンターに、発展的に改組されました。
2　金子大栄『仏教の諸問題』（金子大栄著作集 第四巻）春秋社、一九七九年
3　荘子／小川環樹編『老子・荘子』（世界の名著4）中央公論社、一九七八年

あとがき

私は二〇二一年に、三十四年間（前身の組織も含めて）勤めた（公財）茨城カウンセリングセンターを退職しましたが、カウンセラーの体験から学んだことを、なるべく多くの人に伝えたいという強い思いがありました。そんなとき、長年の友人が、「伝えたい中身を本にしたらどうか」と強く勧めてくれました。また家族も、出版に賛成してくれました。

それに背中を押されて原稿を書いたのですが、どの出版社に頼めばよいか、初めてのことなのでよくわかりませんでした。そこで人間関係研究会の仲間に相談したところ、木立の文庫の津田敏之さんに相談することを勧めてくれました。そしてお願いしたところ、津田さんは出版を快く引き受けてくれ、プロとしての適切なアドバイスと温かな励ましで、私を支えてくれました。

こういう事情で、この本ができたのです。多くの方のご援助と不思議なご縁を、ありがたく感じています。

私はいま、複数の民間の相談機関でカウンセラーをしていますが、この本に書いたことを大切にして面接すると、相談者と温かな関係ができる気がします。生きる悲しみや苦しみを抱える者同士として、尊重し合い支え合うことを大切にしていきたいと思います。

最後に、私をずっと支えてきてくれた妻の恵子、多くの学びをくれた私の子どもたち、いつも私を励ましてくれた友人の大澤寛寿さん、退職のとき温かな言葉をかけてくれた人間関係研究会やカウンセラーの仲間、大切なことを学ばせてくれた多くのクライエントの方々に、心から感謝いたします。そして、素敵な本に仕上げてくださった木立の文庫の津田さんと、造本デザイナーの寺村隆史さん、深くやさしい味わいのあるカバー画と各章扉の絵を描いて下さった坂本伊久子さんにも、お礼を申し上げます。

二〇二三年 八月

大築 明生

著者紹介

大築 明生（おおつき　あきお）

1951年、茨城県生まれ。公認心理師。

民間企業勤務を経て、36歳でカウンセリングの世界に入る。

茨城カウンセリングセンターでカウンセラーとして活動し、同センターの副理事長を経て、2021年に退職。在職中は、職場・家庭・人生・心身の不調などの相談に携わる。また、メンタルヘルスやカウンセリングに関する研修や講演、エンカウンター・グループのファシリテーター、大学や看護専門学校の非常勤講師などを担当する。

現在、複数の民間相談機関でカウンセリングを担当している。


『パーソンセンタード・エンカウンターグループ』伊藤義美編〔ナカニシヤ出版, 2005年〕、『パーソンセンタード・アプローチの挑戦——現代を生きるエンカウンターの実際』伊藤義美・高松里・村久保雅孝編〔創元社, 2011年〕、『人間性心理学ハンドブック』人間性心理学会編〔創元社, 2012年〕、『エンカウンター・グループの新展開——自己理解を深め他者とつながるパーソンセンタード・アプローチ』人間関係研究会監修／伊藤義美・松本剛・山田俊介・坂中正義・本山智敬編〔木立の文庫, 2020年〕といった著書（いずれも分担執筆）がある。

論　文
「聴くことの創造的意味について——聴き手の内界に何が起きているか」人間性心理学研究, 17-1, 1999.

悲《かな》しみに親《した》しむ心《こころ》
対人援助《たいじんえんじょ》のまなざし

2023年9月10日　初版第1刷印刷
2023年9月20日　初版第1刷発行

著　者　大築明生
発行者　津田敏之
発行所　株式会社 木立の文庫
京都市下京区
新町通松原下る富永町107-1
telephone 075-585-5277
faximile 075-320-3664
造本・組版　寺村隆史
イラスト　坂本伊久子
印刷製本　モリモト印刷株式会社
ISBN978-4-909862-31-0 C3011

kodachi no bunko

公認心理師 実践ガイダンス

2. 心理支援

野島一彦・岡村達也:監修
小林孝雄・金子周平:編著
A5判並製176頁　定価2,970円
2019年6月刊　ISBN978-4-909862-03-7

エンカウンター・グループの新展開

自己理解を深め他者とつながるパーソンセンタード・アプローチ

人間関係研究会:監修
伊藤義美・松本剛・山田俊介・坂中正義・本山智敬:編著
A5判並製スリーブ函入り270頁　定価3,630円
2020年7月刊　ISBN978-4-909862-13-6

レジリエンスとねじれの心理

体験の「ひらけ」とストーリーライン・アセスメント

村田 進:著　A5判上製288頁　定価3,960円
2023年4月刊　ISBN978-4-909862-28-0

哀しむことができない

社会と深層のダイナミクス

荻本 快:著　四六変型判上製240頁　定価2,970円
2022年3月刊　ISBN978-4-909862-23-5

もの想うこころ

生きづらさと共感　四つの物語

村井雅美:著　四六変型判上製144頁　定価2,420円
2019年10月刊　ISBN978-4-909862-07-7

（価格は税込）